私立高等教育：全球革命

［美］菲利普·G. 阿尔特巴赫 (Philip G. Altbach)

丹尼尔·C. 列维　　　(Daniel C. Levy) 著

胡建伟等◎译　徐绪卿等◎审校

PRIVATE HIGHTER
EDUCATION:
A GLOBAL REVOLUTION

中国社会科学出版社

图字　01 - 2014 - 2954

图书在版编目(CIP)数据

私立高等教育：全球革命 / [美] 阿尔特巴赫等著；胡建伟等译. —北京：中国社会科学出版社，2014.5

ISBN 978 - 7 - 5161 - 3905 - 9

Ⅰ.①私…　Ⅱ.①阿…②胡…　Ⅲ.①私立大学 - 高等教育 - 世界 - 文集
Ⅳ.①G649.1 - 53

中国版本图书馆 CIP 数据核字(2014)第 016438 号

出 版 人	赵剑英
责任编辑	任　明
特约编辑	乔继堂
责任校对	张依婧
责任印制	李　建

出　　版	中国社会科学出版社
社　　址	北京鼓楼西大街甲 158 号 (邮编 100720)
网　　址	http://www.csspw.cn
	中文域名：中国社科网　　010 - 64070619
发 行 部	010 - 84083685
门 市 部	010 - 84029450
经　　销	新华书店及其他书店

印刷装订	北京市兴怀印刷厂
版　　次	2014 年 5 月第 1 版
印　　次	2014 年 5 月第 1 次印刷

开　　本	710×1000　1/16
印　　张	16
插　　页	2
字　　数	249 千字
定　　价	58.00 元

凡购买中国社会科学出版社图书，如有质量问题请与本社联系调换
电话：010 - 64009791

目　　录

写在前面 ……………………………………………………………（1）

前言 …………………………………………………………………（1）

私立高等教育：引言 ………………………………………………（1）

第一编　全球概况

私立高等教育剖析 …………………………………………………（11）
私立高等教育：比较视野中的主题与变异 ………………………（14）
冒牌大学的兴起 ……………………………………………………（19）
家族类型的大学 ……………………………………………………（23）
私立高等教育令人吃惊的作用 ……………………………………（27）
"冒牌大学"，换言之，"大学"有多差? …………………………（30）
政府政策和私立高等教育 …………………………………………（33）
国际视野中的女性高校 ……………………………………………（37）

第二编　非洲

非洲天主教高校的挑战：非洲和马达加斯加天主教高校
　　协会的角色 ……………………………………………………（43）
非洲私立高等教育往何处去?
　　——非洲私立高等教育大会纪实 …………………………（45）

日益私有化背景中的贝宁高等教育改革 ……………………… (48)

埃及高等教育：私有化的现实政治 ……………………… (51)

埃塞俄比亚私立高等教育：当前概貌 …………………… (54)

肯尼亚公立高校的私有化 ……………………………… (58)

南非：营利—公办高校的结合 ………………………… (61)

第三编　亚洲

亚洲高等教育中的私有部分 …………………………… (67)

中亚的私立高等教育 ……………………………… (70)

阿塞拜疆共和国私立中等后教育的兴起 ………………… (73)

孟加拉国正在兴起的私立高校：公立高校的敌人还是

　　同盟军 ……………………………………… (76)

印度政府和私立高等教育发展之间的分歧 ……………… (79)

日本私立高等教育中的性别分层 ………………………… (82)

日本天主教高等教育面临的挑战 ………………………… (86)

韩国的私立高校 ……………………………………… (88)

韩国私立高等教育面临经济危机 ………………………… (91)

马来西亚私立高等教育中的国际联系 …………………… (93)

巴基斯坦私立高等教育需要秩序 ………………………… (97)

菲律宾学生基本法引发私立高等教育抗议异议 ………… (100)

泰国私立高等教育的多样化 …………………………… (102)

泰国经济危机抑制了公立及私立高等教育的发展 ……… (105)

越南的非公立高等教育 ………………………………… (108)

第四编　欧洲

中东欧私立高等教育的扩张与发展 …………………… (113)

中欧和东欧私立高等教育的合法性 …………………… (117)

世界公民和私立高等教育 ……………………………… (120)

中欧的天主教高校 …………………………………… (123)

保加利亚的私立高校 ……………………………………（126）

格鲁吉亚高等教育中的双重私有化 ……………………（130）

匈牙利私立高等教育 ……………………………………（133）

波兰私立高等教育的发展路径 …………………………（137）

罗马尼亚的私立和公立高等教育：市场的后果 ………（140）

罗马尼亚私立高等教育的使命 …………………………（143）

俄罗斯私立高等教育的问题 ……………………………（146）

俄罗斯私立高等教育：与国营机构结盟 ………………（149）

改革与创新：乌克兰新兴私立高校 ……………………（152）

乌克兰私立高等教育的演化 ……………………………（156）

遭遇腐败：乌克兰私立高等教育 ………………………（159）

第五编　拉丁美洲

私立研究中心：拉美高等教育发展现状和变化 …………（165）

毕达哥拉斯学院：新的凤凰城大学诞生

　　——巴西私立高等教育的兴起 ……………………（168）

关注学术的私立高等教育：智利的新例外论 …………（172）

认识墨西哥私立高等教育的不同类型 …………………（175）

新的私立—公立动力：乌拉圭的研究生教育 …………（178）

乌拉圭私立高等教育的障碍 ……………………………（182）

第六编　中东

阿拉伯湾的高等教育：私有化和美国化 ………………（187）

约旦私立高校的开端 ……………………………………（191）

第七编　美国

美国营利中等后院校：背离还是拓展？ ………………（199）

私立营利性大学的师资：凤凰城大学算是新模式吗？ …………（203）

营利高校和传统高校的比较 …………………………………（207）

结语：对本领域的研究 ……………………………………（211）

分析私立革命：私立高等教育研究项目的工作 ……………（222）

作者简介 ……………………………………………………（225）

译者后记 ……………………………………………………（229）

写 在 前 面

一

　　菲利普·G. 阿尔特巴赫（Philip. G. Altbach, 1941—　）教授是世界著名的教育理论家，美国比较高等教育专业研究开创人，曾先后任教于哈佛大学、威斯康辛大学麦迪逊分校、纽约州立大学布法罗分校、波士顿学院。现为波士顿学院国际高等教育中心主任（Boston College Center for International Higher Education），波士顿学院莫兰讲座教授。阿尔特巴赫1962年毕业于芝加哥大学历史专业，1966年获该校比较教育专业博士学位。在哈佛大学的社会关系系完成博士后研究后，阿尔特巴赫成为助理副教授进入了威斯康辛大学麦迪逊分校。在麦迪逊分校工作期间，阿尔特巴赫延续了其博士时期的学术课题，继续研究印度高等教育的发展。他远赴印度孟买，实地研究印度高等教育，并成为印度大学拨款委员会（University Grants Commission, India）顾问。

　　阿尔特巴赫在纽约州立大学布法罗分校的教育组织、管理和政策系执教近20年。在1985—1988年间担任系主任，并在1977—1994年间担任比较教育研究中心主任，同时还兼任信息和图书馆研究学院（1982—1994）和社会学系（1992—1994）的教授。在此期间，他先后访问了加州大学伯克利分校、斯坦福大学、莫斯科大学、马来亚大学、香港大学等世界或区域性名校，并担任诸多国家或地区的教育发展组织的顾问，其中包括新加坡高等教育与发展地区协会顾问、洛克菲勒基金会第三世界出版物顾问、卡耐基教学促进会国际学术职业研究顾问等。

1994 年，阿尔特巴赫教授到波士顿学院的教育学院继续执教和研究。1995 年，波士顿学院成立国际高等教育研究中心，阿尔特巴赫教授任中心主任。该中心以分析全球高等教育的热点问题、提供全球最及时的高等教育信息为研究宗旨。十多年来，在阿尔特巴赫教授的主持下，国际高等教育中心出版了很多颇具学术价值的著作，内容涉及学术职业、全球化和国际化、私立高等教育、世界范围内的高等教育不平等等主题，其中多数涉及发展中国家的高等教育现状。该中心出版的杂志《国际高等教育》是迄今唯一以数种语言同时发行的国际高等教育刊物。国际高等教育研究中心聚集了一批具有不同的国籍、教育和学术背景的专业学者，他们在阿尔特巴赫教授的带领和影响下，积极开拓，承担了多项联合国教科文组织的高等教育改革文件，某种程度上领导着国际高等教育研究和实践的潮流，为世界高等教育研究和发展作出了重大贡献。

在阿尔特巴赫四十多年的学术生涯中，著述丰硕，其学术著作被翻译成多国文字，广受好评。著有《美国社会的教科书》、《21 世纪美国高等教育》、《比较高等教育面面观：教师、学生与改革文集》、《新兴工业国的高等教育和科学发展》、《从依赖到自治的亚洲大学》、《国际比较高等教育百科全书》等。他所受托组织起草的世界高等教育大会的文件《面向二十一世纪高等教育宣言：观念与行动——1998 年世界高等教育大会公报》，被誉为 21 世纪世界高等教育的展望及其行动框架。2009 年世界高等教育会议趋势报告《学术革命追踪》，被翻译成《全球高等教育趋势：追踪学术革命轨迹》在中国出版，产生了很大的影响。阿尔特巴赫教授以渊博的学识、深刻的思想、宽广的视野、丰富的经历赢得了世界高等教育学术界的尊重。他的高等教育研究在世界范围内产生了广泛的影响，成为世界高等教育界百科全书式的学者，成为美国乃至世界高等教育国际化研究的代表性人物，成为当今国际高等教育学领域知名专家，著作等身，享有盛誉。鉴于他的影响力，他曾被推举担任美国比较教育和国际教育学会（CIES）执行委员会和董事会委员(1978—1988)、美国教育研究学会（AERA）董事会董事（1968—1969)、美国《比较教育评论》（CER）主编（1978—1988）等，被"美国名人录"收录。1987 年获国际教科文交流学会（ISECSI）授予的"国际教育优秀学者"称号。阿尔特巴赫教授名副其实地成为国际高等教育研究的大师。

二

　　菲利普·G. 阿尔特巴赫教授长期关注中国的高等教育事业的发展。早在进行博士后课题期间，他就将印度高等教育与中国高等教育的发展作了比较研究。阿尔特巴赫教授高等教育理论和思想在中国影响甚众。20 世纪 80 年代以后，阿尔特巴赫教授越来越频繁地来到中国，了解发展状况和趋势，提出卓识远见，活跃于中国高等教育研究舞台，也与中国建立了深厚的学术感情。阿尔特巴赫教授熟悉中国高等教育的历史和现状，经常与我国高等教育学者进行坦诚而深入的交流，为我国高等教育的改革与发展提出了许多宝贵而中肯的意见和建议，成为中国高等教育研究界的良师益友，也赢得了我国高校和教育理论界的赞誉。作为其思想的重要组成部分，阿尔特巴赫教授撰写了大量的著作和论文，在中国高等教育学术界拥有广泛的读者，迄今为止，已有近 20 种阿尔特巴赫教授撰写或主编的高等教育研究专著在我国被翻译成中文出版，还有50 余篇论文被翻译成中文刊出。他自己也在《教育研究》、《中国高等教育》和《比较教育研究》等中国教育研究权威期刊发表文章十余篇。2008 年 3 月中国海洋大学出版社曾出版了"国内首套英文原版高等教育丛书"，正是阿尔特巴赫教授这位高等教育研究大师的部分杰作。而该出版社 2009 年出版的"国际高等教育译丛"，也主要是阿尔特巴赫教授的著作。阿尔特巴赫教授的著作和论文被大量引进、介绍，集中体现出他在中国的强大影响力。目前，阿尔特巴赫教授受邀担任北京大学教育学院、浙江大学教育学院、华中科技大学教育科学研究院、厦门大学教育研究院和中国海洋大学等多所大学的客座教授，是上海交通大学研究生院国际顾问委员会主席。

　　我与阿尔特巴赫教授的交往源于偶然的学术邂逅。2002 年，阿尔特巴赫教授的博士生、香港大学教育学院教师汪惠平女士来我校调研，她的选题正是中国私立大学的发展问题。根据博士论文的需要，汪博士在我校调研半个多月。我是分管民办高等教育研究的学校领导，负责汪博士的全程接待和访谈安排。随着我校民办高等教育研究的展开，我们开始接触到阿尔特巴赫教授的论文，从中了解到他对私立（民办）高等教育的一些思想，很有相见恨晚的感觉。2006 年，我主持第二届中外民办高等教育发展论坛的准备工作，萌发邀请大师参会的想法。抱着试试的心理，我通过汪博士与阿尔特巴赫教授取得联系，得知他正好这一段时间在杭州讲学，同意出席会议，不过时间与会期有些差距。在这种难得的机遇面前，我果断地调整了会议时间，使之与阿尔特巴赫教授的时间安排一致。5 月 10 日，阿尔特巴赫教授携夫人提前来学校考察，了解会议的安排和我校民办高等教育研究的相关情况，做演讲准备等，并就学校如何开展研究工作与我们做了交流。阿尔特巴赫教授平易近人、知识渊博，给我们留下了深刻的印象。5 月 12 日，第二届中外民办高等教育发展论坛在浙江树人大学隆重开幕，来自世界各地的民办（私立）高等教育研究专家和代表130 余人济济一堂，就民办高等教育研究和发展交流经验和体会。当我以会议主持人的身份隆重介绍在主席台就座的阿尔特巴赫教授时，会场里发出了热烈而长久的掌声。第二届中外民办高等教育发展论坛共举行 3 天，阿尔特巴赫教授和潘懋元、陶西平、蔡克勇、胡瑞文、张晋峰、邬大光、张应强、谢作栩、别敦荣等国内专家一起，登台演讲。他演讲的题目是："私立高等教育变革：导论"，演讲从私立高等教育变革的人口统计学分析切入，提出了变革的需求和要素，剖析变革的挑战和趋势，提出相关建议，博得大家一致好评。我也总算有机会当面聆听大师级的精彩演讲，深受启发和教育，对我后续的研究工作有着重要的指导作用。会后，我们把阿尔特巴赫教授的演讲稿整理发表，被人大书报复印资料《高等教育》全文转载。会议期间，阿尔特巴赫教授赠送给我一本他主编的原版书《私立高等教育：全球革命》（*Private Highter Education：A Global Revolution*）。2012 年，我们在研读《私立高等教育：全球革命》一书时，感到许多文章对于我们的研究工作很有帮助，于是开始设想翻译这本著作。这一想法也得到了阿尔特巴赫教授的大力支持。于是我们从 2012 年 3 月开始组织翻译论著。同时，依托教育部名栏——浙江树人大学学报"民办高等教育专栏"，我们将一部分论文先期发表，引发社会关注。现在，在胡建伟、胡六月老师及各位同仁的共同努力下，在中国社会科学出版社任明主任的支持下，这部专著的中文版终于与大家见面了。

本书的另一位主编为丹尼尔·C. 列维（Daniel C. Levy），美国奥尔巴尼大学（纽约州立大学系统）教授，私立高等教育研究项目主管，也是阿尔特巴赫教授的友好搭档，多年来关注世界私立大学的发展，活跃在世界高等教育研究舞台上。他主要负责的私立高等教育研究项目，是世界性的私立大学跟踪研究的长期项目，对世界私立高等教育发展的发展机遇有指导和提升的作用，引发广大私立高等教育后发国家的关注。丹尼尔·C. 列维教授为此还多次来我国访问讲学。2006 年 12 月，丹尼尔·C. 列维教授曾应邀来我校访问指导，就开展民办高等教育研究中的问题，和我们一起交流和切磋。

三

《私立高等教育：全球革命》是一本论文集。与一般的论文集不同，本书是一批世界各国有志于私立大学研究的学者 20 世纪末期至 21 世纪初共同撰写的论著。全书收录 56 篇论文，加上序言、引言、结语和项目介绍，差不多近 60 篇文章从不同侧面反映了 21 世纪初世界各国私立大学发展的现状、特征和主要问题。

本书有以下三个特点：

第一，地域广泛，覆盖面广。本书书名为 *Private Highter Education：A Global Revolution*，通译为《私立高等教育：全球革命》。正如书名所标示的一样，本书内容涉及地域为"全球"五大洲相关国家和地区。从全书目录来看，全书分为六篇，除了第一篇为全球概况以外，非洲、亚洲、欧洲、拉丁美洲均占一篇。另外中东地区和美国各单列一篇。从私立大学发源最早的中欧，到当下私立大学实力最雄厚的美国；从私立大学发展最盛的日、韩等国，到蓬勃兴起充满活力的非洲各国，本书几乎都有涉及。国外私立大学发展历史悠久，制度相对健全，在我国民办高等教育研究中，学者非常希望了解和借鉴国外私立大学的发展和研究状况，但是这方面的资料实在稀少。偶尔看到一篇论文，也是"单打一"，不可能全覆盖。本书在地域上做到了"广而全"，从各个方面全面介绍世界私立大学发展现状、主要特征和经验教训，这是本人从事民办高等教育研究十多年来所看到的第一本（可能还是唯一的一本）涉及如此广阔地区的私立大学研究学术专著。

第二，内容精练，文笔简洁。本书是一部论文集，出自世界各国30多位专家学者之手。诚然，每个作者都有自身的写作风格和习惯，各个国家和地区的情况也不尽相同，但是通览全书不难看出，专著的撰写经过了主编的精心设计和安排，内容非常精炼，论文不论长短，特点一目了然，具有较高的写作要求。内容的统一性和撰文风格的多样性，使人读时阅欲大发，乐趣大增，读而不疲。

本书的文笔十分简洁。56 篇论文，翻译成中文不到 15 万字，平均每篇不到 3000 字，除了总括性的文章以外，绝大部分文章都在 2000—3000 字左右，语言高度凝练。尽管文字不多，但是文章的重点和亮点一目了然。读完一篇文章，对这个国家或地区私立大学的发展历史、主要特点和趋势，基本上就能做到了然于胸。通读全书，对全球当下私立大学的发展状况就有了一个大致的了解，对各国私立大学发展的主要特点也能基本掌握。本书对开展相关研究大有益处，而且在论文写作方面无疑也可作为范文。

第三，视界国际性。阿尔特巴赫教授具有广阔的国际视野，研究地域辐射北美、拉美、欧洲、亚洲和非洲等广阔区域。他注重从国际比较的角度透视教育问题，通过对不同国家和地区高等教育历史、现状和未来的全方位和多视角的对比，总结概括出高等教育国际化发展的一般规律，展望高等教育国际化未来发展的一般趋势。在本书策划和编纂中，他善于将现状与历史和国情结合，善于将国与国之间的发展现状相比较，突现私立大学发展的历史性、地区性和本土性，形成了国际视野中的私立大学历史、现实和发展趋势的研究，在挖掘世界各国私立大学发展背后的成因和相关因素中，揭示国际私立大学发展的基本规律，从而为学术研究提供有充分依据和说服力的珍贵资料。

四

笔者在十多年对民办高等教育研究中，得出这样的结论：民办（私立）大学发展的状况、速度、规模和质量，与民办大学所处的历

史和发展阶段密切相关，与民办大学所在国家和地区的基本国情和文
化传统密切相关，与国家的宏观制度设计安排和政策进程密切相关①。
我甚至觉得这是世界私立大学发展的基本经验和规律。通过学习阿尔
特巴赫的著作，我更加坚定了自己的观点和思想。欧洲私立大学的兴
衰恢复、美国私立大学的持久强盛、印度私立大学的附属特性、非洲
私立大学的后发优势等，无不体现私立大学的这一规律。当下高等教
育国际化、全球化的步伐越来越快。在高等教育国际化的大背景下，
研究阿尔特巴赫这样一位具有国际影响力和崇高学术且长期关注中国
高等教育发展学者的专著，是非常有价值的。

改革开放以来，特别是高校扩招以来，我国民办高校已经有了长
足的发展。截至 2011 年，全国有民办普通高校 698 所，在校生
505.07 万人。民办高校已占全国普通高校总数的 1/3，在校生占 24%
左右。从比重来看，虽然不及韩国、日本那样占主导地位，但是也基
本达到甚至超过了美国私立大学在校生的比例。在办学层次方面，由
于大量独立学院的加盟和兴办，目前本科已经占半数以上，2011 年全
国 1100 所本科院校，民办高校（含独立学院）已有 400 余所。2012
年已有 5 所民办高校获得试办国家特殊需要人才培养项目硕士资格，
至少具有象征性的办学层次突破。其他类型的民办高校也获得了相应
的发展空间。相比世界高等教育，我国私立大学发展历史短、起步
晚，虽然也有蓬勃发展的历史，但是由于多种复杂的因素造成发展进
程的中断，甚至一度从高等教育舞台上销声匿迹。改革开放以后开始
了恢复办学的尝试，但是与世界上许多国家的私立大学一样，办学历
史不长，起步层次较低，政策环境滞后，队伍建设缓慢，社会投入不
足，办学条件欠缺，尽管工作努力，发展一直缓慢。直至 1998 年国
家实行积极发展高等教育政策，实施高校扩招以后，民办高校才真正
获得了发展的空间，在规模扩张方面形成了一个小高潮。但是世界私
立大学发展的经验告诉我们，仅仅是需求的单方牵引，没有巩固的顶
层设计、完善的扶持政策和良好的发展环境等社会条件的配套，民办

---

① 徐绪卿：《我国民办高校内部管理体制改革和创新研究》，中国社会科学出版社
2012 年版，第 1 页。

高校是不可能进入国家高等教育体系中心的。正因为如此，尽管民办高校在数量上已经形成一定的规模，但是近几年来民办高校和学术界还是奔走呼喊，期待更为宽松的环境和优惠的政策扶持。从这个意义上说，本书介绍的国外经验值得借鉴，因此本书也值得许多主管部门的领导阅读参考。

民办高校的发展，环境和政策当然是一个因素，而且是一个十分重要的因素，特别是对于像我们这样教育资源配置还处在计划阶段的国家。但是，与任何事物一样，其发展的同时也为自身的因素所制约。举办的动机、办学的理念、培养的定位、教学的组织、队伍的建设、机制的运用、管理的制度、文化的营造，如此等等，办学诸要素无不制约学校的发展和成长。民办高校的优势在于特色和创新。民办机制既是特色，也是优势。为什么同等环境和政策条件下，有的民办高校办得好，有的却办得不好甚至办不下去，我们只能从民办高校各自的内部因素中去寻找答案。与许多民办高等教育研究的专著相似，本书阐述较多的也是政策和环境问题，但是蕴含许多民办高校可以理解和借鉴的策略在内，比如，私立大学的机制优势、私立大学的办学特色、私立大学的专业选择和市场把握等，这些对于我国民办高校的发展显然也有着重要的意义。本书的部分论文已经在教育部名栏——《浙江树人大学学报》民办高等教育专栏中刊登，并全部获中国人民大学书报资料中心《高等教育》索引，获得许多读者好评。由此我有理由相信，本书的出版对于我国民办高校的实践发展，也有较好的应用价值。当然，由于本书涉及面广，信息量大，也是非常难得的研究资料。对于我国民办高等教育研究来说，参考价值更可预见。

《国家中长期教育改革和发展规划纲要》（2010—2020）指出："大力支持民办教育。民办教育是教育事业发展的重要增长点和促进教育改革的重要力量。各级政府要把发展民办教育作为重要工作职责，鼓励出资、捐资办学，促进社会力量以独立举办、共同举办等多种形式兴办教育。"党的十八大报告也指出："鼓励引导社会力量兴办教育。"可以看出，国家层面上已经确定了民办高校未来的发展地位。作为长期从事民办高校管理工作和理论研究的一员，我愿竭尽全力，为民办高等教育的快速发展和健康成长而耕耘。衷心祝愿我国民办高等教育克艰攻难，快速成长，在全面建成小康社会和实现中华民族伟大复兴的"中国梦"进程中作出杰出贡献。

浙江树人大学校长　教育学博士　教授
中国民办高等教育研究院院长
徐 绪 卿
2013 年 10 月 28 日

前　言

　　本书旨在帮助读者了解世界私立高等教育的潮流和现状。它分为两大部分，第一部分介绍私立高等教育国际潮流和问题；第二部分也是篇幅较长的部分，是关注私立高等教育国家和地区的问题。本书大部分的篇章都着眼于一个国家的问题。

　　本书所有的文章都曾发表于《国际高等教育》（HIE），该杂志为位于波士顿学院的国际高等教育研究中心的季刊。许多文章都受到私立高等教育研究项目（PROPHE）的支持，该项目由纽约州立大学奥尔巴尼分校承担。本书收录的主要标准为，文章主题必须关于私立高等教育。我们暂不考虑一些关于公立院校私有化的文章。另一个标准是文章的质量，这一点《国际高等教育》已经作了最初的遴选。尽管一些作者通过此项工作为更广泛的私立高等教育领域的研究打下了良好的基础，但是这些文章还谈不上是学术研究性质的。我们对那些涉猎广泛和可读性较强的文章设立了奖励。

　　这些文章在收录至本书时未经修订，因此，有一些文章并没有反映出该领域最新的进展。这在像私立高等教育那样的研究领域——世界范围内高等教育发展最快的领域，因其变化如此之迅速，实际上是无法避免的。但是，文章描述的大多数的事实和趋势仍然是当下重要的问题、视角和热点，集中反映了当今该领域的现状和争论的焦点。关于每一个地区的文章，编排顺序开始是按照子区域，后来是按照国家名称拼写的字母顺序编排的。

　　本书呈现的观点和视角并不统一。作者们从各自的观点出发写作，一些作者对私立高等教育的发展提出了批评，另一些则表达了赞赏之情，更多的作者给予了客观的评论和分析。所有这些都说明了私立高等教育的发展是高等教育领域核心的、重要的方面，也说明了私立高等教育仍将继续扩大和发展。

本书为国际高等教育研究中心和私立高等教育研究项目的合作成果。近年来，《国际高等教育》每期至少为私立高等教育研究项目发表该领域的研究成果留出一个专栏。早期的合作成果是艾尔玛·玛尔多那多、曹英霞、菲利普·G. 阿尔特巴赫、丹尼尔·C. 列维、朱红等学者共同的著作《私立高等教育：国际文献》（国际高等教育研究中心和私立高等教育研究项目，2004），信息时代出版社出版。更早的国际高等教育研究中心的成果是菲利普·G. 阿尔特巴赫编著的有关私立高等教育的著作——《私立的预言：21 世纪私立高等教育及发展》（国际高等教育研究中心、格林伍德出版社 1999 年版）。私立高等教育研究项目作为一项持久的研究，无疑又是世界上私立高等教育领域的最大的研究项目，在自己的网站上有清晰的描述，私立高等教育研究项目网址：ht-tp：//www. albany. edu/eaps/ ~ prophe/，国际高等教育研究中心网址：http：//www. bc. edu/cihe/，专门编辑世界范围内高等教育相关问题。

国际高等教育研究中心和私立高等教育研究项目，包括这些合作研究项目，都得到来自福特基金组织的慷慨资助。国际高等教育研究中心同时得到波士顿学院的林奇教育学院的支持，私立高等教育研究项目则得到奥尔巴尼分校的研究基金支持。我们非常感谢私立高等教育研究项目的成员曹—萨和国际高等教育研究中心的劳拉·让布雷，感谢他们协助挑选文章和本书的组织工作。也感谢国际高等教育研究中心的萨林娜·考培拉斯为本书的出版所做的相关工作。

我们还要对福特基金的高等教育项目主管乔治·巴兰表示深深的谢意，他给予我们的支持和鼓励是至关重要的，他在指导和推进我们在私立高等教育领域和相关领域的研究工作中起到了积极有益的作用。他又总是那样尊重学者的自主和自由。

菲利普·G. 阿尔特巴赫

于马萨诸塞州，栗山

丹尼尔·C. 列维

于纽约，奥尔巴尼

（胡建伟译，徐绪卿审校）

私立高等教育：引言

菲利普·G. 阿尔特巴赫

几十年前，私立高等教育就已成为许多国家高等教育的重要力量。私立高等教育在拉美国家的发展始于 20 世纪 60 年代。在东亚的几个主要国家，私立高等教育已成为高等教育的主体。过去一个时期，形成高等教育的力量相对稳定。在 20 世纪末，这种动力发生了巨大的改变，私立高等教育快速崛起，在世界范围内迅猛发展。

一 私立高等教育革命的数据

传统私立高等教育最强的地区在东亚。一个世纪以来，私立高等教育成为日本、韩国、菲律宾以及中国台湾高等教育的主要组成部分，招生比例占到 80% 以上。这些亚洲国家（或地区）成为了私立高等教育的中心。日本、韩国和台湾地区政府部门尽管在私立高等教育资金方面支持甚少，但仍高度重视其规范性。在这些国家和地区，私立高等教育包括两年制的女子大学（日本）、非选择性的大专和本科以及知名度较高、排名前列的大学。

尽管美国被认为是私立高等教育的中心，而实际上目前仅有 20% 的学生就读于私立大学。私立大学大量招收本科生和专业学生。许多知名的美国高校是私立大学，但是大部分的学生念的是公立大学。美国私立大学分布在各个层次的教育体系中，当然许多也不是最顶尖层次的。然而，美国高等教育以私立高等教育为主由来已久，最早期的大学包括哈佛和耶鲁都是私立大学。直至今天，世界各国仍视美国为私立高等教育的典范。

　　较少涉入私立高等教育的是西欧。大部分学生，约为90%的人就读于公办大学。尽管今天面临金融问题，政府政策需重新考量，但国家支持高等教育的传统依然非常坚固，比如低学费甚或免学费的德国。对通过中学学业完成考试的学生，国家对其接受高等教育提供保证，更增强了社会对公立高等教育的需求。由于国家支持跟不上高等教育扩大招生的步伐，一些国家高等教育水平逐渐下滑。一些国家，例如英国、荷兰高等学校学费上涨，收学费已经逐步进入一些国家的考虑范围。德国的政策制定者虽然认识到了收费的必要性，但感觉操作难度大。但不管怎样，私立大学正逐步成为高等教育市场的有益补充。

　　在欧洲的中部和东部，一些共产主义国家已经走在了私立高等教育扩大的前沿。这些完全以公立学校为高等教育体制的国家开始青睐私立高等教育。公立学校办学水准的下降和办学能力的不足，导致了私立大学中一些技术学校的涌现，并且这种增长是非常迅猛的。私立高等教育出现在高等教育的各个层次。当然在一些地区，私立高等教育虽增长很快，但还处于该地区教育体制的低端，苏联的一些国家即属于此类情形。私立高等教育扩大最迅猛的是拉丁美洲和亚洲，非洲增长缓慢但非常稳定。在一些拉美国家，如墨西哥和智利，十年、二十年前还是以公立大学为高等教育主体，现在已经有大约三分之一的学生就读私立大学。巴西大部分的学生近半个世纪以来就读的都是私立大学，马来西亚的私立大学也是高等教育主体。印度的情况有些特殊，大部分的本科生毕业于私立大学，但是，这些私立大学附属于公立大学（相当于我国的独立学院——审者注），并且得到政府相当部分的资金支持。私立大学受政府和所辖公立大学的高度制约。过去几十年，印度出现了完全没有政府资助的真正意义上的私立大学。一些新建立的大学因考试目的和其他目的与传统大学联系密切，而另一些大学则享有完全的自治权。

　　20世纪90年代，中国大力发展私立高等教育，但是，大部分的私立高校还未能取得学位授予权，仅有少部分学校经教育部许可授予学位。越来越多的私立大学得到政府的认可，更多的有着优质办学条件和办学质量的私立大学在高等教育体系范围内的建立，使得中国高等教育发生了巨大的改变。

　　世界上私立高等教育的情形各不相同，它的快速发展是在正在经历快速扩招增长的地区，一些发展中的、中等收入的国家以及苏联。由于这些国家不能够也不愿意增加公立高等教育的资金支持，于是私立高等教育填补了这一空白。

二 变化的要素

激发私立高等教育革命的主要因素是大众化——一种存在于世界范围内各国政府之中的对教育体制的普遍诉求。高等教育已经从小规模的精英的教育走向大众化教育的阶段，就算是发展中国家也正在经历这种诉求的压力。中国，尽管还只有20%余毛入学率，却已经超过了美国高校的整体入学率。印度不到10%的年轻人就读中专技校，排名第三。第二个驱动私立高等教育发展的关键因素是对高等教育的资金模式认识的改变。过去认为高等教育应该完全由政府提供的传统的观念逐步转变为部分由私人提供，当然个体资本也能从中获益。这种观念变化的影响导致了另一观点的产生，即学生和家长需为高等教育买单。这两种变革的因素，提升了高等教育的需求，弥补了政府不愿意或支付能力的不足，从而刺激了世界范围内的私立高等教育的增长。

尽管大部分的私立高等教育是国家范围内的。也就是说，它的建立和运行在一国之内。然而目前却有一种跨国界的私立高等教育在兴起。一个国家的大学可能在另一国建立分校，或是以各种形式联结起来的两个国家以上的大学共同提供课程和授予学位。一个大学被另一个大学授权使用该大学的课程和实践项目。这种情形被称为高等教育的"麦当劳化"。跨境高等教育的范围越来越大，内容越来越深入。在高等教育领域的私人投资也在增长，其中很多也是境外的投资。尽管发达国家的课程在大多数情形下是在发达国家建立的，但是也有很多情况下，发达国家大学的课程在发展中国家或中等收入国家的大学中建立。还有少数这样的情况：发展中国家的大学在另一些发展中国家建立分校。目前还没有发展中国家的大学在发达国家占有一席之地的实例。尽管这些跨国的行为并不仅限于私立高等教育，但我们仍能看出私立高等教育发展的端倪。

三　资金模式

私立高等教育的经费基本来自学生学费。一些国家的私立大学能拥有一定的由政府提供的资金，但总体来说，这种支持非常有限。世界上的私立大学基本属于这种情况。私立大学依据市场提供教育、课程和学位。

私立大学的财务安排通常缺乏透明度，我们很容易理解这种为利益而增长的私立高等教育。在许多国家这类大学基本以合作实体的模式运行。实际上，许多国家并不允许这种以营利为目的的教育实体存在，或者对这样的私立教育机构进行非常严格的控制。以中国为例，一方面对私立高等教育采取规范的政策；另一方面允许企业化。私立高等教育运行的目的或多或少是为投资者营利。其具体的财务策略可能成为政府和公众的盲点。家族化的私立大学往往是营利的商业机构。尽管还没有关于私立大学有多少是为其拥有者、家族或经营团体谋利的精确统计数据，但可以肯定较新的私立大学办学基本基于此目的。

美国1200所私立大学中有300所之多是由校友或支持者捐助的。美国私立大学因其教育的非营利性，真正提供教育服务的特点而显得非同寻常。这些资金的权益帮助建立了大学实业的基金。许多大学隶属于宗教团体，由宗教组织资助的这些大学也是私立的，非营利性的。当然，需要指出的是，美国一些公立大学也拥有捐赠，资助他们设立课程项目，提供奖学金。而大多数美国中小学则依赖于学费，以此维持财务运行。

私立高等教育营利性情况的出现是促使私立高等教育扩大的新现象。然而，这种营利的目的是否成为私立高等教育的主要目的尚不得而知。在菲律宾，大学几十年来被列入股票交易市场。而另一些国家，营利性的教育机构被抵制。一些已经在各类政策和操作层面实践营利的大学也抵制这种营利的身份。在美国，随着营利性私立大学的增多，新一代的大学变得非常具有灵活性，它们关注自身的教育资质，满足市场需求，提供一些不需要在基础性建设方面投资的课程。凤凰城大学是美国目前最大的私立大学，就是一个最好的例子。而大多数营利的美国私立大学，从商务、法律学校到贸易学校都提供职业课程，如信息技术、护理实践培训等。营利性私立大学的增长在全世界都越来越凸显，越来越开放。以营利为目标的美国大学还在其他国家建立学校，收购美国和其他地区的学校，最终达到扩大收益的目的。

四　私立高等教育分析

要总结归纳私立高等教育的繁杂情况非常不易。它有如名校美国哈佛、日本早稻田大学、韩国延世大学，也有像萨尔瓦多的"垃圾学校"。凤凰城大学与天主教圣母大学之间毫无相同之处。以下随意的分类叙述有助于读者对当今瞬息万变的世界中私立高等教育的多样性有一个感性认识。

五　研究型大学

尽管研究型的私立大学仅占私立高等教育很小的一部分，但是依然有着重要的影响。例如，美国的哈佛大学、斯坦福大学、芝加哥大学及哥伦比亚大学；日本的早稻田大学和庆应大学；韩国的延世大学、西江大学；哥伦比亚的哈维里亚纳天主教大学，这些大学都以研究型享誉国内外。

六　宗教附属大学

一个世纪以来，附属于宗教组织的大学是私立高等教育的重要组成部分。而现在的私立大学则越来越多地由非宗教组织创办。从历史上看，基督教教会创办了许多大学。罗马天主教在美国创办了 200 余所大专院校，世界范围内则超过 1000 余所。许多新教徒也创办大学。基督教大学甚至在日本、印度尼西亚和中国台湾这些基督教徒较少的国家和地区发展。当然，世界上也有附属于其他宗教的大学，如伊斯兰教、佛教、神道教、犹太教、印度教及其他宗教，但总体来说，附属于基督教的大学还是数量最多的。荷兰、印度等国附属于宗教的大学甚至获得国家资助。宗教附属大学与其资助者的关系或密切或松散。

七　专门大学

大多数的私立大学，尤其是半个世纪前创办的大学并不能提供完整的学术课程。它们擅长某个领域，吸引大量出于就业考虑的学生，开设商务类、信息技术类课程。例如，法国的商学院就以商务领域而著称。另外像凤凰城大学，课程按市场需求而设置，它们着力推出一些医药和健康专业的课程。法律研究也较受欢迎。一些学校推出第一学位，另一些学校强调第二学位，或同时授予。这些大学往往良莠不齐。一些批评者认为，低质量的大学不应该被称为大学，它们只能提供有限的、职业为导向的课程，对学术研究和知识创新很少关注。就大学的数量和私立高等教育的招生方面而言，其中的平衡已从普通型大学开始转为专门院校。

八　私立高等教育面临的挑战

私立高等教育在当代高等教育领域持续扩大并作出了许多重要贡献。最重要的一条是为不能在公立学校就读的学生提供了求学的机会。有学者指出，私立学校的出现为公立学校一统天下的局面创造了一定程度的竞争，它们更关注学生，带来了有益的方面。私立高等教育的增长也对世界高等教育体系提出了挑战。

九　私立高等教育的公益性方面

大多数的私立高等教育，特别是新建的职业和商务类院校，往往更关注于自我的成功和在市场的位置，而较少关注自身在高等教育体系内的作用以及更广泛的公益角色。公立大学的功能通常为协调高等教育的公共体系，它们的行为不同程度地受到国家的制约。私立大学在运行方面则较少受制约，除非私立大学不受市场机制制约，否则它们不会考虑社会公益。如何确保大学在国家高等教育语境下不受过度制约是一个亟待解决的问题。

十　质量保证

质量保证是当今高等教育重点探讨的问题之一。质量问题包括大学的学术水平，教学质量的标准，管理水平以及基础设施状况。在以市场调控为主控因素的前提下，质量保证显得尤为重要，许多国家的私立大学都致力于加强更加细化的教学质量体系和学位授予制度。在质量保证领域，尽管国家机制仍为高等教育质量保证体系的中心，但是各国私立大学都已开始从自身角度着力改进。

十一　透明度

关于私立大学的学术机构、学位授予以及质量方面的可靠信息，往往难以得到。课程有效性方面的数据、毕业生在就业市场的成功与否、辍学率等都与未来的生源有密切的关系。然而，相关的信息常常无法得到。

十二　学术专业

一些新建私立大学依赖兼职教师，而这样的教师往往较少有敬业精神，有时甚至缺乏应有的资质。许多大学从公立大学聘请教授，让他们讲授一门课程。私立大学很少有全职的教授来开发课程，或对师资作全盘的管理。较新的私立大学很少关注学术研究，教授从事科研的时间很少，也往往得不到应有的回报。新建立的私立大学已经开始改进学术专业，关注如何保证良好的教学运行以及如何节俭办学。传统的独立于专业的局面开始改变。一些私立大学仍持有对学术专业的较传统的认识，一些有资历的私立大学则能够保持对学科和师资的完整的配置。不仅如此，一些大学还能伫立于学术体系的尖端。一些公立大学近年来也开始朝这个方向努力。未来的专业发展、学术研究的作用、学术研究的条件，都给私立高等教育提出了新的问题。

十三　跨境初始

私立高等教育的国际化合作包括授权经营、开设分校校区和提供多种课程。跨境项目的有效发展和管理面临新的挑战，例如，这些项目的开展真正为学生服务了吗？一个国家能很好实施的课程在另一个国家会水土不服吗？教学方法有文化方面的差异吗？跨境高等教育是21世纪快速发展的领域，私立高等教育面临的任务是如何确保这些课程项目的有效开展和管理。

十四　营利性

对大多数国家和学术体制来说，私立高等教育营利性的出现是一个新现象。全面地了解它的本质和作用，创造新的规范体系，确保质量标准，同时不破坏其企业运营的精神，应是私立高等教育面临的另一重要挑战。

十五　结论

自13世纪西方大学创办以来，私立高等教育一直是大学体制的重要部分，现已成为21世纪高等教育的核心特征。如何看待私立高等教育，并将其融入一个国家乃至世界范围的更为广泛的大学体制，是一个非常关键的问题。新的私立大学在构建、办学目标、财政背景方面都与传统的私立大学有很大不同。毋庸置疑，理解和制定适合于私立高等教育发展的政策框架迫在眉睫。

（胡建伟译，王一涛、徐绪卿审校）

第一编

全球概况

私立高等教育剖析

菲利普·G. 阿尔特巴赫

　　私立高等教育的全球模式，揭示了该部分中学后教育日渐重要的发展，在21世纪的许多国家，私立高等教育都将成为高等教育最先发展的领域。私立大学为更多的人群提供服务，其扩大的态势较公立大学更为迅速。韩国、日本和菲律宾的私立大学提供了80%以上的中学后教育服务。拉丁美洲私立高等教育也迅速增长，巴西、智利和哥伦比亚的私立大学招生比例占50%以上，假如将非大学教育的中学后教育机构也包括在内，招生比例更大，可包含在内的国家也更多。1997年，阿根廷、巴西、哥伦比亚、墨西哥、秘鲁和委内瑞拉半数的中学后招生是私立学校承担的。私立大学和其他中学后教育机构在东欧和苏联发展也很快，在学术体系的各个层面均发展迅速，而这种扩展总体来说还是缺乏计划和调控的。

　　私立高等教育非常多元。世界上一些最好的大学是私立大学。拉美的许多名校是私立的，而其中又有很多学校隶属于天主教堂。亚洲著名的私立大学包括韩国的延世大学、日本的早稻田大学以及菲律宾的德拉萨大学和雅典耀大学，都与久负盛名的公立大学并驾齐驱。尽管80%的美国学生就读公立院校，但是名校中不乏私立大学，例如，哈佛大学、耶鲁大学、斯坦福大学和芝加哥大学等。这些大学发展稳定且牢牢占据着学术层级的顶端位置。但是总体来说，它们与一些普通私立高校的共同之处不多，与著名的公立大学则有更多的共同之处。

　　从另一个层面来看，私立大学处于整个高等教育体系的低端，这些提供学位的需求吸纳型学校质量不是非常理想，在市场中的作用也不是非常明显。拉美、印度和中东欧一些国家，私立高校大多数是一些职业学校、专业学院或类似的非大学机构。许多国家的非大学机构还没有得到政府机构或认证组织的官方认可，不能提供学位，它们的证书和文凭在市场的价值还不得而知。这些学校通常处于无调控状态。一些学校提供就业市场需求量较大的计算机技术或商业领域的应用培训。还有许多学校的教育或培训并不实用或质量较低。在美国，营利性的私立中学后职业学校即私营教育已经存在了几十年。质量、认证以及问责都是亟待解决的问题。大部分施行中学后教育的私立学校基本处于无监控的现状，因此买方市场提出了警告。

在一些国家，私立大学被用来提供"学位"，却没有过多地研究或评价学生。这些学校其实是文凭制造工厂，主要目的是为了牟利。它们通常未经认证，一经发现即被关闭。随着相关认证评估机构的建立并监控私立高等教育市场的发展，人们因此更难创办私立大学。现今许多国家的私立大学存在不少的问题。

私立高等教育很难说是完全私立的。私立大学与国家的关系是相互交织的。越来越多的评估认证机构是由国家设立的，对日益扩大的私立大学制定办学标准，实行控制。在一些地区，政府机构直接负责认证和评估，而在其他一些地区，如美国，学术机构的协会负有认证的职责，他们的决策得到政府的认可。一些国家的公共资金通过多种机制提供给私立院校。在美国和其他一些国家，私立大学的学生也有资格获得政府资助贷款和奖学金。私立大学通常也能获得政府提供的研究经费。印度是世界上私立高等教育占国家高等教育比例较多的国家之一，政府资金同时提供给公立和私立学院（印度所有的大学都是公立的）。当然也有少数学院的财政完全来源于学生的学费。菲律宾也有对私立高等教育的政府资助项目。总体来说，一旦私立院校接受政府资金，它们就必须服从国家管理，包括招生、师资、办学条件，等等。

大部分私立高校的收入依赖学生的学费。美国的一些名校则有大量的捐赠，使它们不完全依靠学生的学费。但是，这样的学校即便在美国，数量也很少。这种依赖是全世界私立高等教育的显著特征，意味着私立院校必须非常关注学生的利益、毕业生的就业市场以及收费方式。私立大学必须确保足够的生源以支持其维持办学。大多数国家的私立大学能够自行决定学费水平。一些国家，如印度和韩国的学费标准则受国家控制，不能由大学自己决定。

迅速扩大的私立高等教育具有多样性。很多大学相互模仿，试图仿效顶尖名校，然而私立大学不管在国家体制中还是世界范围内仍然非常多样。随着新建的私立大学和其他中学后学校的相互竞争，差异性越来越明显。尽管大部分学校仍处于底层，但是私立院校已遍布学术体系的各个层面。私立高等教育在全球范围内发展迅速。了解私立高等教育现实的复杂性显得尤为重要。

（1998 年夏）

（胡建伟译，王一涛、徐绪卿审校）

私立高等教育：比较视野中的
主题与变异

菲利普·G. 阿尔特巴赫

　　私立高等教育在 20 世纪末崭露头角，其主要原因是公立高等教育的不景气。一方面人们对中学后教育的需求以及市场对技术人员的需求持续高涨；另一方面，政府却不太愿意将公共资金投入到中学后教育。私立大学为人们拓展了升学的空间，为 21 世纪的经济发展提供了必要的技术力量。随着公共资金的减少，公立大学正逐步"私有化"，他们被迫寻找新的财政支持。而公立大学的资金筹集方式越来越向私立大学靠拢。人们慢慢地接受这样的概念，"私有产品"有益于个人，而"公共产品"有利于社会。当今市场经济的大环境和私有化思想刺激了私立高等教育的复苏，从前没有私立大学的地方也办起了私立大学。在苏联和中东欧地区，私立大学和专业学院是中学后教育成长最迅速的部分。中国和越南也积极鼓励私立大学的发展。

　　私立学院或大学的性质和办学范围在世界各地都很不相同。在欧洲大部分地区，中学后的教育几乎都是国立的，该地区仅有屈指可数的几所私立学院，以宗教性质为主，开展神学教育。学费在办学经费中是微不足道的，整个的高等教育经费几乎都来自国家。而在亚洲东部，如日本、韩国和菲律宾，私立高等教育成为高等教育的主导，这些国家的私立大学招收全国近 80% 的中学毕业生，其办学经费主要来自学费。菲律宾更是如此，在那里，私立大学甚至是可以营利的。大多数名校是公立性质的，当然也有少数顶尖的大学是私立的。在美国，公立大学和私立大学之间的招生不断竞争、平衡，结果是目前有 80% 的学生就读公立大学。美国一些私立大学久负盛名，各界捐赠是它们主要的办学经费。当然也有很多美国私立大学的生存依靠学费。在拉美，历史悠久的私立大学都是由天主教会创办的。20世纪以来，公立高等教育有所发展，并且几乎在该地区的所有国家中占据主导地位。非洲私立大学较少，主要由公立大学承担教育责任。

私立大学在世界范围内的分布令人印象深刻。一些国家的私立大学是最有声望的大学，而另一些国家的私立大学则处于较低层次。当今私立高等教育是高等教育中发展最快的部分。尽管还不被普遍认可，私立高等教育已经成了亚洲高等教育的主导。近来私立大学也成了拉美国家高等教育的重要部分，招生比例日益增长。西欧和非洲的私立大学相对较少。如果说西欧的私立大学的扩大还不明显，那么中欧和东欧私立大学的成长则令人刮目相看。虽然非洲国家对私立高等教育的扩大还处于懵懂状态，但是一个大的趋势是，世界银行和其他多边组织都已经强调私有化是满足中学后教育的有效途径。

私立大学通常规模较小，且面临严重的财务、招生问题，以及其他一些因规模小而产生的问题。这些学校常常不受重视，人们对其办学质量知之甚少，学生如何、这些大学在高等教育体系中所起的作用如何等问题均不得而知。全新的中学后私立职业学院在许多国家兴起，一些学院已获得官方认可，另一些则尚未获得。这种快速的发展应当引起关注，私立大学在高等教育体系中起到了怎样的作用？它们需要达到的主要目标和标准是什么？

私立大学在财务上一般依靠学生的学费，但各国具体情况有所不同，一些国家的私立大学也能获得政府的财政支持。以印度为例，大部分的本科生都就读私立学院，这些私立学院通过其隶属的大学得到了政府较为可观的财政支持。美国、日本以及其他一些国家的私立大学都通过各种方式获得了政府的资助。美国政府对私立大学的资助是以发放学生贷款和支持大学科研的方式进行的。除学费和政府资助以外，私立大学还有其他的收入来源。仍以美国为例，大量的捐赠是许多私立名校的重要收入来源。

许多国家的私立大学都是非营利的实体，当然也有一些国家存在营利性大学。在美国和其他一些国家，这类营利性的学校主要是职业专门学院，而这些学校通常并不是通过中学后教育认证机构评估的。像菲律宾这样的国家，大学甚至可以上市。美国新的凤凰城大学———一所类似企业的大学，已经像营利的公司那样进入股市，同时通过了地区的中学后教育认证机构的认证。各私立大学间的财务稳定性差距很大，哈佛大学可能是世界上最富有的大学，约有 60 亿美元的捐赠。相对来说，一些小规模的大学，却财务困难，濒临破产。在许多国家，私立大学办学并不成功。私立大学在财务管理模式、所有权模式、合作和支持方式等方面都显示了较大差异。

尽管目前私立大学已经发生了较大变化，其非营利的性质依然是主流。私立大学得到宗教组织的赞助，以及慈善机构和其他服务团体的帮助。包括美国在内的私立大学都是在国家法令制度下的非营利性大学。这些大学免税，并享有各种权利。非营利性大学被寄予厚望，服务于国家更宏伟的教育文化目标。服务、教育和研究都是非营利性高等教育追求的核心理念。宗教组织关注的是给受教育者提供一种宗教环境。大多数的私立大学都是非营利性的，有着良好的服务社会的传统。

私立大学既是独立的、自主的，又受制于各种外部因素。他们自负盈亏，如果财务管理不佳，严重的后果会立即凸显。在学术研究、专业设置、市场化和办学标准方面基本自主。它们受到外部权威机构的控制，从美国的认证机构，到韩国、日本及印度严格的政府管理，都体现了这一点。

美国的私立大学就受控于各种外部因素。政府通常以学生贷款、研究基金、签订协议等形式给予私立大学资助。如果私立大学接受政府资助，政府就会对其财务资金管理进行监控，还需要学校大量的汇报工作，并达到各种要求。私立大学还需要认证，在自我管理的地方机构协调下，由私立大学自愿，定期开展各类检查和认证。专业机构也开展学位课程认证，法律、医学和教师教育等学位课程均有涉及，这也是检查工作一个重要组成部分。

管理的手段在世界上其他一些地方，尤其是亚洲国家更为严格。韩国政府机构监控私立大学的教师薪水标准及工作条件。政府对私立大学的学费标准、学校的扩大以及一些特殊院系的招生都实行管理。甚至会有这样一种情况：政府一方面实行监管，另一方面却并不对私立大学进行大力资助。印度私立大学大多数的课程大纲由所属的公立大学负责，期末考试由所属的公立大学组织，教师的薪水、学生的入学门槛也由所属的公立大学规定，学校的图书馆、设施也同样归所属的公立大学管理。最重要的是，学位由所属的公立大学颁发，也因此获得印度政府提供的大部分经费。

多数国家政府对私立大学的管理并不像韩国和印度那样严格。在那些私立大学刚刚兴起的国家，政府管理力度并不严格，这一点不足为奇。这种情况也意味着私立大学办学质量参差不齐，办学目标不尽相同，财务稳定性也很不一样。这种情况在中、东欧地区和苏联地区尤为如此，这些地区公立大学日益衰落，政府对新办私立大学监管不力，私立大学在这样的环境下数目激增。

私立高等教育的发展深受市场影响，即便像美国和日本的知名私立大学也关注自身在国内外的声誉以及在高校中的排位。知名度不高以及新办的私立大学就更关心教育市场，也更关注与其他学校的竞争、就业市场的趋势等其他一些影响办学的因素，估计错误之严重也危及了学校的生存状况。

目前教育市场非常不完善，很难预测就业趋势，也很难确保学校课程能跟上就业潮流。以就业为导向的私立大学直接参与劳动力市场动向、市场对专业人才特殊需求等的预测。致力于传统艺术和科学领域的私立大学虽然不直接面对劳动力市场，但它们需要跟其他大学竞争，其生存也取决于毕业生就业的情况。

市场法则决定了私立大学的发展。20 世纪 90 年代末教育市场支配力日益凸显，私立大学在世界各地已广为接受，遍地开花。当然，就教育方面纯粹的市场性而言，还有一个成本核算和收益的问题。大学提供给学生的学科和科目历来并不完全符合市场需要。如果学术体系继续往市场导向发展，那么，尽管基础研究不一定能获得即时成果，但是如何支持基础研究的问题仍需要回答。

私立高等教育的快速发展，已在世界高等教育体系内扮演了越来越重要的角色，也面临着特殊的挑战，肩负着重要责任。随着私立高等教育逐渐进入高等教育体系中心，如下问题需要我们来探讨。

组成私立高等教育的元素是什么？目前存在什么样的私立大学？它们在本国起到什么样的作用？

私立高等教育很大程度上是市场驱动的，市场的控制力应达到什么样的程度？私立大学的发展需要限制吗？各国对私立大学的受限情况怎样？

办学历史较长、已具有稳固地位的私立大学如何跟新办的且办学资金不够充裕的私立大学发生联系，前者是否负有特殊责任来协助和监控新办的私立大学？

高等教育中私立大学的责任性和自主性的平衡点是什么？

如何实施对私立大学的认证？

政府在私立大学的角色定位如何？公立大学和私立大学相互间的联系怎样？私立高等教育是否需要公共资金的帮助？

高等教育体系中新的中学后职业学院的作用是什么？

拉美和世界上其他一些地区的罗马天主教及其他宗教组织在高等教育中的作用是什么？在广大的教育体系范围内宗教大学的职责是什么？

世纪之交，私立高等教育是中学后教育中最活跃的部分。它的非凡表现是和当今富有影响力的私有化思想分不开的，也和公共资金对教育投入相对减少的普遍潮流有关。尽管私立高等教育潮流具有悠久的历史传统，在一些国家已经成为高等教育主导力量，它给世界上中学后教育带来的影响是崭新的，也是令人措手不及的。而这正是我们关注私立高等教育的良机。

（1998 年冬）

（胡建伟译，徐绪卿审校）

冒牌大学的兴起

菲利普·G. 阿尔特巴赫

　　如今，一批批的学校、机构、公司和其他行业都自称大学。现在是叫停这种贬低知识和学术价值的趋势的时候了。同样重要的是，这些学校在很多情况下确实向未受过大学教育和不曾获得学衔的人提供过"学位"。本文涉及了多种机构，包括凤凰城大学，它现在是美国规模最大的私立"大学"并获得认证，有资格提供学位；琼斯国际大学，作为美国第一所完全的虚拟"大学"也通过了认证；作为U-Next公司一部分的卡丁大学在某些专业领域可以颁授学位，该公司同斯坦福、哥伦比亚和其他知名大学保持着联系而且将课程"打包"以方便网络传输；为大型公司所有的摩托罗拉大学同时向内部雇员和外部人员提供培训。这种情况并不鲜见。这些例子都发生在营利性部门，多数新兴的冒牌大学也属于这种情况。但是关于营利和非营利问题的讨论并非本文的要点。

　　新兴的冒牌大学，严格来说并不是大学。它们可能在具有顾客吸引力的领域提供有价值的训练。它们可能在"班级"中由教师以"现场"的传统方式教学，或者依靠网络或其他新型远程教育方式，或者是多种教学方式的综合。它们可能雇用资质优良的教师，尽管很少是全职的。但它们并不符合大学的定义，不应享有该头衔。现在是到了认真审视中学后教育中这种新现象的影响的时刻了。目前的问题并不仅是讨论这些新型培训机构的价值或作用，而是要保护社会上最有价值的组织即大学。

一　大学是什么

界定大学并非易事。特别是在高等教育分化的时代，新兴的多样化院校层出不穷。然而，我们仍能在一些共同的功能和价值方面达成共识。从中世纪开始，大学就是教学机构，覆盖了当时所知的多数学科。大学，不管是它的图书馆的藏书，它对艺术博物馆的支持，它对地方社区的服务，还是它坚守自身独立的教学和研究，无不体现了它的强烈的公共利益责任意识。在过去的近两百年里，科研，特别是基础科研一直是大学的主要职能之一。教授通常拥有终身教职，但并不尽然。他们是大学的核心人物，掌控着课程、招生与学位授予。人们也自然期望大学能够在多个学科和领域提供本科、研究生和专业学位。

当代大学十分多样。麻省理工学院并未自称大学，但是它在任何方面都配得上该称呼。波士顿学院尽管称为学院，却是一所大学，因为它提供多领域的研究生和专业学位教育。洛克菲勒大学，作为专门从事生物医药领域研究生教育和科研活动的小型院校，尽管自称大学，质量声誉颇高，然而因其学科的过于专门化，实在难当大学的名头。大学既可以是公立的，主要从政府获得资助；也可以是私立的，经费自给自足。有些大学由宗教组织管理。在一些国家，大学也有家族经营的。还存在少数营利性大学，如美国、菲律宾等。

二　冒牌大学

在过去的几十年中，一种崭新的中学后教育机构出现了。这些新型院校并不符合传统大学的定义，而是在具有广泛需求的多个领域提供专业培训。

冒牌大学在很大程度上是营利性组织。它们的目的为所有者或利益相关者谋求利润。许多是上市公司。某些公司，如阿波罗集团就主要从事教育事业，它拥有凤凰城大学和斯尔文学习系统。其他则是对教育领域感兴趣的媒体巨头或技术企业，包括 IBM 和跨国出版商爱思唯尔公司（现在拥有哈考特通用公司）在内。一些公司在股票市场上表现出色。不像传统的大学，这些新兴机构以赚取利润为首要目标。

冒牌大学是高度专业化的机构。它们并不提供学科范围广泛的教育计划，而是集中于特定的市场，需求迫切的领域，并根据学生需要调整重点。到目前为止，管理学和商学、信息技术，以及教师培训和教育管理方面的某些领域，是最具吸引力的。这些领域往往教学成本较低，无须昂贵的实验室设备。课程也容易调整。如果某方面需求下降，其他方面可迅速取而代之。

冒牌大学不存在终身教职。管理者完全负责高校事务和课程领域的决策。教师受雇从事教学、开发网络模块并确保消费者享受到了服务。学校通过雇用教师讲授特定课程而将成本控制在较低水平。教师们往往不会获得薪酬外津贴，也不会从学校那里获得承诺。教师缺少传统意义上的学术自由，他们讲解指定内容，不能偏题。对表达异议，不赞同院方政策和决策的教师完全得不到支持和保护。

冒牌大学不存在共同治理。在传统大学中，共同治理的概念表明教师在高校决策中发挥着重要作用。而在冒牌大学里，根本不存在共同治理而只有管理。管理者作出重要决定，和相关专家共同开发学位课程结构。权力完全集中于管理层手中。

冒牌大学缺乏科研兴趣。的确，科研将影响院校的营利使命。冒牌大学不可能在缺乏学术自治的情况下依靠兼职教师，凭借有限的图书馆和实验室资源，毫无学术自治意识，这些学校开展研究活动完全没有可能性。这些院校也不对广泛的公共利益或服务社会的理念作出承诺。传统大学将社会服务作为一项重要责任，而且不论是高校还是教师都参与到各种不同的无偿专业服务中。冒牌大学则是专门的营利机器。

三　问题和思考

我们的目的并不在于呼吁制止高等教育这种潮流。在美国和世界许多其他国家已经生根的营利教育部门，正充分利用教育市场日渐增强的营利特质以及知识社会对专业训练的需求。正确界定这些院校十分必要，这不仅是为了确保真理，而且更重要的是保护现代社会中传统大学及它们的核心职能。这不是语义双关，而是涉及高等教育未来发展的核心。

不是大学的院校不应自称大学。它们不应被准许提供学术学位。它们应该接受认证，但不应是传统大学的认证机构。换言之，这些院校应明确界定为训练机构，需要有清晰的称谓和描述。以前称作学生的消费者，一但踏入学院和大学就应该认识到他们正在具有明确标准和价值的学校学习。但是当他们为专业训练课程付费时，他们就是在一个完全不同的机构中学习。在新机构中获得的资格不能称作学位，而应有其他称号，如能力证书等。

同时，传统大学也要认真思考在 21 世纪竞争性环境下自身的使命和教育计划。学术性大学表现出的许多趋势都亟待审视：学术性大学与营利性附属机构相剥离，或参加营利性协会，日益重视能带来收益的应用研究而不只是为知识进步作贡献。

首先，让我们正确命名。新兴的营利性大学必须改作更恰当的名称。例如，凤凰城大学应被称为凤凰城专业培训学校（PSTI），提供各种"专业能力证书"。摩托罗拉大学应称作摩托罗拉公司培训学校。全新的认证组织需要建立起来以确保质量。如果采取了这些措施，大学仍将是大学，它们对教学、科研、服务的关注依然不变。如果我们放任冒牌大学发展，高等教育的质量将下降，并且容易遭受日益增长的竞争性压力的影响，而这些压力将不可避免地损害社会上最有价值的机构之一——大学。

（2001 年秋）

（高飞译，徐绪卿审校）

家族类型的大学

菲利普·G. 阿尔特巴赫

家族类型的私立大学虽然在国际高等教育中普遍性较强，却很容易被人们忽略。我们很难估算有多少这样的大学存在，这个数目可能是几百或者更多。一些国家的家族类型大学数目相当可观，如泰国，一半的私立大学为家族所有。一些家族类型大学通过几代人的辛苦努力，获得了良好的声誉，而更多的家族类型是在"高等教育繁荣"的背景下创办的，建校时间短，层次较低。

家族类型的大学由于发展过快，而需要调查研究。尽管有些大学办学已有几十年之久，但人们对它们并不了解。在一些国家，家族类型的大学是高等教育的重要组成部分，下列国家都办有家族类型的大学：墨西哥、泰国、日本、韩国、菲律宾、阿根廷和中国。

创新性的教育和管理理念在家族类型大学中得以发展，并得到检验。这样的大学让那些富有个人魅力、且胸怀改革抱负的教育领导者有机会实践理想。这样的大学也使私立大学以最私有化的、最秘密的方式运行，最终营利，或者提高知名度。

一 家族大学的定义

家族集团掌控的大学跟其他私立大学并没有很大差别。事实上，家族大学看起来面目不清，很难从法律角度和财务角度描述它们。本文对家族大学下了个简单的定义——家族大学是这样一类大学：个人或家族集团直接拥有对大学的控制权，或者其成员直接介入或总体掌握大学的行政事务管理以及财务问题。在一些国家，大学归家族所有是不合法的，或者受到严格限制的，因而家族大学的所有权和控制权常常是隐蔽的，不为人所知的。家族所有权在不能得到认可的情况下，大学是不会在这方面对外宣传的。如果家族类型的大学按照营利的目标运作，其所有权和财务情况应保持透明。而全球私立大学的所有权和财务管理也常常并不透明。从这方面来说，家族大学相对于一般的大学，并没有什么显著的差别。

二　家族大学的办学动机

为什么个人和家族要创办大学呢？有些是创办者出于慈善的目的和社会责任感——思想家实践教育的理想，建立中学后大学。随着时间的推移，家族大学会逐渐演变为家族控制型的企业，特别是创建者不得不把领导权移交给别人的时候。许多知名大学或者是家族控制的，或者是由家族大学发展而来的，都属于这个类别。大学给那些与之有关联的人带来名誉，也给创办者带来荣誉和地位。企业家热衷于办大学，特别是在发展中国家，其主要目的是为了赚钱。这些大学在设计上仍为家族控制，主要是出于办学的连续性和确保营利的目的。即便是在一些并不存在营利性高等教育的国家，家族类型的大学仍不失为一种创造就业的好办法。一些国家的大学创办是基于政治原因，学生和其他人可以作为选区中的选民，以巩固政治基础，或者帮助地方发展经济，以维持政治影响力。

总而言之，加强家族控制权是确保私立大学稳定的有效途径，也是尽可能对学校财务进行保密的有效方法，唯有如此，家族类型的大学才能保证不违背最初的使命和大学办学的宗旨。

三　家族大学的办学特征

家族大学数量众多，但很难对其进行分类。控制权是个关键因素。由于家族通常希望享有对大学的权利和威望，因此家族通常形成对大学绝对集权控制的结构。家族成员成为高层管理人员，占据高级的行政和管理职位，特别是那些财务管理的职位。强大的董事会大都由家庭成员组成，掌握财务大权，同时也决定学术方面的问题。尽管家族私立大学体制规范都必须符合国家的法律条文，但它们通常会寻求能够确保对机构各个方面的指导和实时监管，达到最直接、最全面控制的方式。这将使它们随着时间的推移失去家族的联结，包括私人、家族出于慈善或是理想建立的大学也是如此，日本的庆应大学就是这样一个例子。

家族大学具有典型的、强大的中央集权行政控制和等级制度，即便在非中央集权的国家情况也是如此。大学校长、教务长以及其他高级管理人员掌握很大的权力。与此同时，教师和学生往往很少有发言权。行政管理部门通常由家族成员掌管，校长以及其他的高级职位也由家族成员垄断。家族大学也往往服从家族集团的领导，尽管在一些国家，例如日本，对家族成员担任董事有所限制。由于监管少，学术权力相对集中，家族大学成员对大学的领导权是非常巩固的。这种权利可能也鼓励创新性的课程和对于管理的创新思考。大学也能应对市场变化，接受新的教育方法。但是，它同样也为家族的理想左右，或是为浮夸的学术潮流付出代价，或是陷于逐利的境地。这一切全都听凭家族大学所有者的动机和判断。

家族大学权力集中，常常包揽学术和大学的人事管理事务，缺乏共同治理的传统，学术自由很难得到保障，自主性非常缺乏，教师的教学风格也不能自行决定。由于实行严厉的中央集权管理，家族大学在管理上可能更有效率。但也可能会错用那些由家族集团强加于它们的令人质疑的政策。这些与众不同的特性可能也是其他私立大学具备的，特别是那些低端的排名靠后的大学，而在家族大学中情形更为糟糕。家族控制并不能保障效率。

四　家族大学面临的挑战

家族大学面临一些严峻的挑战，其中很重要的一方面是延续性问题。当富有魅力的教育创办者从舞台谢幕的时候，会发生怎样的变化？别的家族成员能否继续履行大学最初的使命，继续管理大学？家族成员是否具备领导和管理一所大学的能力？无论是出于发展学术的目的或是慈善的目的或是基于政治的考虑创办的家族大学，能否长期践行创办者的办学理念？也许延续性对那些为营利而举办的大学并不是什么大的问题，然而，大学学术机构的复杂性需要办学者具备超越企业家的智慧。

建立和维持办学质量需要学术的责任。近来一些新办的私立大学，包括一些家族大学，在短时间内由于高质量的学术项目而获得好评，他们的教学设施也发展很快，给人留下深刻的印象。还有一些大学在办学上投入了大量的资金，也倾注了很高的学术热情，结果却以失败告终，部分原因是因为领导缺乏协调性，使大学潜能未得到有效发挥。家族大学总是要代代相传的，要创建家族大学中协调的领导结构和长期有效的管理体制确非易事。

五　结论

很难对家族大学这类特殊的院校进行概括总结。它们当中有的是雄才伟略的教育思想家为实现其理想而创办的，有的是为巩固政治势力而举办的，更多的则是为营利而建立的。在高等教育快速发展和规模不断扩大的背景下，家族大学作为新型的大学，需要人们给予更多的理解和审视。

（2005 年春）

（胡建伟译，徐绪卿审校）

私立高等教育令人吃惊的作用

丹尼尔·C. 列维

全球私立高等教育迅速扩展，谈及其功能，兴趣与争论多于了解，对它的阐述不是过于简单，就是令人误解。弄清这些误解进而有效地回答这个问题，关键在于理解私立高等教育所发挥的令人惊奇的功能。高层决策者和学者基本上从未规划或者预见过，现实的发展令他们吃惊，各种各样的参与者、活动形式和选择推动了私立高等教育的发展，这些要素在任何国家的框架内都无法协调。

描述私立高等教育令人惊奇的功能基于两大背景：第一，它是发展迅速、千变万化的新兴领域；第二，它的功能不同于公立高等教育。这两大背景通常互相联系。当然，认识和探索受政府集中控制的公立高等教育也很重要。即使私立高等教育在某些方面并不新鲜和与众不同，但惊奇这个特征仍显而易见，它还凸显于各类私立高等教育机构中，如商业的、精英的、宗教的、营利的和非营利的，等等。因此，惊奇这一主题词适用广泛。但是，本文仅限于研究新兴的私立高等教育领域，即上述第一大背景。

一 原社会主义国家和发展中国家

即使我们能用"惊奇"这个词描述新兴的私立高等教育体系，特征性描述依然重要，因为它涵盖了很多原社会主义国家（该称呼是从经济角度讲，与是否发生政治革命无关）和发展中国家。即便与公立教育中学校的构架及其使命的差异，许多国家也经验有限。这些国家深受传统影响，对国家举办大学的作用和功能标准推崇备至。因此，私立高等教育在这些国家得以发展也就尤其令人诧异。这些国家的私立高等教育发展惊人。如在非洲撒哈拉以南地区，20世纪90年代很少有私立高等教育，至少80年代基本没有。

私立高等教育的发展出乎人们的意料，这并非借助于高等教育政策之力，而应归功于巨大的或"新自由主义"的经济变化。新自由主义带来了全球性的变革，即在国家的整体发展政策中，限制国家的财政角色，加强私有化和国际化。虽然这些国家制定政策时的初衷不是为了私立或公立高等教育的目标去实施这些政治经济政策，但却恰恰促进了私立高等教育的发展。

私立高等教育拥有历史的连贯性。因此，广泛的政治经济变化不至于产生过度剧烈的影响。面对缩小的国家权力、扩张的市场和以国际化为目标的经济体制，私立高等教育领域同样不断发展，发挥额外作用。中南美洲和拉美都有很多这样的例子。的确，私立高等教育在有些国家业已存在，但在有些国家还是新兴的名词，不过它们之间的区别正在消失。面对广阔的政治经济潮流，曾经"新兴"的领域，找到了属于自己的位置，和拥有悠久传统的对手一样，走上了发展之路。

私立高等教育在被禁止一段时间后再度出现，比如像土耳其，这一新兴领域的含义就发生了变化。因为之前曾有过私立高等教育，所以再次出现的私立高等教育更容易为社会所接受，也更容易获得合法化。此方面中国与俄罗斯对比鲜明，中国在1949年之前就拥有私立高等教育。但是，再次出现的私立高等教育的功能与之前有很大的不同，更倾向于企业化。

二 发达国家

政治经济的转变改变了私立高等教育的作用。这在"过渡型"和欠发达国家非常显著，在很多发达国家也是如此。国家干预市场，国家的角色也发生了变化。欠发达国家经历了私立高等教育发展的重要历史，发达国家也不例外。在西欧和澳大利亚，政治经济转变或者促成了私立高等教育的产生，或者带动了其发展，尽管至今私立高等教育在这些地区影响有限。日本是一个重要的例子，它拥有比较丰富且发展完备的私立高等教育资源，用于应对广泛的非高等教育政策变化。

美国在别的方面具有不同于其他国家的重要特征，但在完备的私立高等教育体系方面，恰恰与我们的观察结果不谋而合，进一步验证了我们的主题，即私立高等教育的功能无法集中设计和预期。美国私立高等教育所追求的目标不断变化发展，部分是因为现有私立大学的发展，另一部分是因为一些私立学校解体，新的学校诞生，多种目标混合变化。近来营利性的高等教育发展引人注目，这与很多缺乏私立高等教育传统的国家相似。营利这股潮流席卷而来，让人们大吃一惊，真正的大吃一惊，是因为营利的形式如此多样。很多观察者认为自 20 世纪 80 年代以来，法律和媒体对"文凭工厂"的态度为营利性的高等教育营造了不利的氛围。此后，营利的潮流尤为猛烈，伴随这股潮流，美国及其他国家的私立非营利性学校越来越趋于企业化，在很多方面向营利性学校靠拢。

美国国内高等教育大都与董事会相结合，规划性强，但由于私立高等教育的发展，无法出台一个总体规划蓝图，也无法规划前进的道路。美国私立高等教育的文献资料比其他国家丰富，但对其功能的分析却非常被动，往往仓促地得出结论。没有一幅总体蓝图，随机发生变化，这是常见的现象。

惊奇这一特征往往反映在法律的边缘，尤其当私立高等教育还是新兴的领域，或者当新的功能出现在已经健全的领域内。国家法律没有为新事物的出现而构建蓝图。私立高等教育常常出现于灰色地带，法律既没有明确规定，也没有明确禁止。私立高等教育带来与传统或"正规"高等教育不一样的变化，合法性自然广受争议。新的功能不仅出现于创办私立高等教育的一致意见中，还出现在之前他人无法接受的积极创举中。既没有受中央权威的引导，也超出了他们的预想，这就是私立、自愿、分散的典型行为。

（2002 年春）

（胡六月译，徐绪卿审校）

"冒牌大学"，换言之，
"大学"有多差？

丹尼尔·C. 列维

> 名字有什么关系？把玫瑰花叫做别的名称，它还是照样芳香。
>
> ——威廉·莎士比亚：《罗密欧与朱丽叶》

在《国际高等教育》2001 年秋季刊的文章中，菲利普·阿尔特巴赫的《冒牌大学的兴起》一文做了重要的和富有鼓动性的抨击。他提到的"冒牌大学"指面向高需求领域的营利性中学后教育机构。阿尔特巴赫针对这些院校提出了一些有趣的观点。他没有很激进地提出关闭冒牌大学，当然也没有否定它们的价值，而是宣称"是停止的时候了"。从而允许这些学校自称"大学"。仅仅草率地回应将掩盖对冒牌大学的辩护或者完全否定阿尔特巴赫的案例。然而，在冒牌大学不断涌现的情形下，讨论如何精准地描述这类学校显得意义非同寻常。

接下来讨论的是营利性大学是否可以作为大学的问题。以往的多数讨论依赖于同其他高等教育形式的对比。阿尔特巴赫称冒牌大学为"一种全新模式"。尽管认清冒牌大学与传统大学的区别，并对某些经典形式举例说明更为恰当，但我们不能因此假定曾经的"大学核心"就应该一直保留。那么，如果不遵从大学命名规定，又根据什么来决定学校的财政、管理以及课程变化是可行的呢？

更为重要的是，我们将冒牌大学与哪类院校进行对比呢？通常被理所当然称为大学的公立和私立非营利高校，并不都是高水平的研究型大学。根据阿尔特巴赫提出的真正大学的教师、科研或其他标准，令人感到遗憾的是发展中国家少有院校是名副其实的。拉美国立大学的校长们目前正普遍谴责除他们自己学校之外的公、私院校使用"大学"称号的行为，尽管甚至多数国立高校也只是在某些方面与阿尔特巴赫界定的大学近似。这不仅仅是个学术质量的问题。实际上，《国际高等教育》秋季刊还描述了下列公立院校的情况：韩国高校道德水准的下滑、澳大利亚公共资助的减少和咨询依赖性的增加、萨尔瓦多大学学术和其他方面的衰退以及非洲大学对知识背景的忽视。谁有资格对冒牌大学提出这样或那样的指责呢？

一 什么是"真正的大学"？

高等教育因界定模糊而饱受诟病。如果我们要把握住"真正"大学的内涵，我们同样需要弄清楚什么是真正的研究或培训，什么是真正的硕士或博士教育，什么是真正的私立或公立学校的内涵。有种案例有助于澄清上述问题，但它并不是十分清晰明确的。阿尔特巴赫在提出问题所在时，已经洞察到情况的复杂性。我们要保护谁免受什么？美国近年来的经验有力地证明：营利性院校中的师生感到十分满意而非被欺骗了。我们很难想象许多进入凤凰城大学的学生会期望接受传统大学教育，也不能想象雇主会希望他们拥有类似加州大学的教育经历。我们需要进行更多的根据各国学生和营利性院校的情况的研究来认清形势。同时我们了解到，也有一些国家公立大学的学生对其所接受的教育及附着的价值观有所不满而产生被欺骗感。

阿尔特巴赫提出保护"传统大学及其核心职能"的合理的议题。然而，要区分是保护这些职能还是保护相关院校的利益，却十分微妙。对诸如大学术语使用的立法限制通常受政治利益和教育因素的驱动。而且尽管阿尔特巴赫巧妙地警告传统大学不要使公共使命屈从于正日益涌现的商业主义和管理主义，但是臆断这种商业主义主要是由营利性冒牌大学的成功所引起的，那将是一种曲解。我们也希望后者能够给公立大学一些空间去发挥更多非商业化之外的功能。

二 政府对"大学"的兴趣

不论我们在学术上作出多大努力进行更清晰的界定和区分，我们都要小心避免贴上政治标签的情况。美国教育委员会的早期调查显示，美国多数州并未区别营利性和非营利性高校的管理。更通俗地说，相对于别国，美国有史以来较少受到官方影响（相对来说更信任不受外界干扰的私立认证机构），并不认为官方说什么就是什么，其中包括对大学是什么的理解。这种态度无疑是有利于竞争和创新的。另一方面，巴西等已经从法律上规定大学先决条件的国家，他们的做法对于所谓冒牌院系、冒牌科研、冒牌硕士以及冒牌专职教师的增多，起到了推波助澜的作用。

冒牌大学不能因不依赖于公共资助就免于管理。它也不应免于阿尔特巴赫谈到的监督。目前需要持续的研究和讨论，特别是要在高等教育总体状况的框架下分析冒牌大学的现状。同时让我们记住，莎士比亚曾祈求玫瑰不要抱怨粗疏的名字，而要坚持卓越，看淡名号。

（2002 年冬）

（高飞译，王一涛、徐绪卿审校）

政府政策和私立高等教育

丹尼尔·C. 列维

在探讨公立和私立高等教育方面，全球范围的政府政策问题越来越受到关注并得到回应。由于过去私立高等教育的财政纳入公立高等教育混合收入中，因此，无论公立教育还是私立教育均属部门内部问题。但是，近来这些问题演变为部门之间的问题，因为私立教育在亚洲、拉美及部分中东欧地区及非洲国家迅猛发展，关于私立高等教育的政府政策抉择日渐重要。政府的诸多决策考虑，出版业和公众逐渐浓厚的兴趣，国际权势集团（如世界银行）越来越多的分析和项目，都反映了这种重要性。学术界也表现了相当的兴趣，1998 年 5 月在波士顿学院召开的国际私立高等教育会议就一个明显的例子。讨论的话题无论是认证、质量、社会责任，还是政府政策本身，最终都会转向如何应对挑战这个内容，我们应该仔细思考参会者所描述的合理的私立高等教育政府政策。

参会者就某些问题基本达成了一致意见。他们相信政府政策应该认真对待私立高等教育。这一论断从某些角度看很平常，但从另一些角度看并非如此。像美国之类的国家，私立高等教育历史悠久，足够合法。但是，在另一些国家，毫无疑问私立高等教育在部分人群中并不普及，或者其中部分私立高校还受到了质疑。贬低者希望政府政策更加严厉地对待私立高等教育，甚至要求取消私立高等教育。当然，取消私立高等教育的声音并没有前者强烈，前者希望政府能够严格对私立高等学校的审批。不管怎样，会上并未提出政府政策应基本否定私立高等教育的议题。

也有人认为，应该更好地对待私立高等教育。类似的学术会议让人们深入思考，获得启发。值得一提的是，很少有人为政府政策的现状辩解。这反映出一种不均衡的趋势，即用完美的理想去判断现实，而不是以现实的选择作标杆；人们希望找出最佳预期政策，而未认识到政策改革很少达到预期效果。人们呼吁更好的政府政策，但是"政策"往往出现于正式宣布的国家政策之外，或有意无意地与国家政策结合在一块，人们对此并不在意。改善政府政策的呼声普遍而响亮，无论其是否被夸大。

但参会者的共识似乎并未脱离这一观点，即人们应该认真或者更好地对待私立高等教育。只要我们继续这种概括模糊的讨论，共识似乎会显得更多。同样有人认为，依据某些原理提出政策，于是其他政策也会按照这样的原理逐一提出来。如此一来，似乎是达成了共识，然而潜在的差异应该显现出来，引起人们注意，因为在实践政策下，我们无法回避。例如，我们发现有些人对公立和私立教育一视同仁，而另一些人针对不同教育的特征，倡导不同的处理方式，所谓平等对待的共识便烟消云散。

即便我们都支持私立高等教育，也有人想从中获得不同的东西；即便他们想要的东西是一样的，他们的侧重点也是不同的：一些人拼命想要获取的东西，在另一些人看来是奢侈的。即使我们充分了解，什么样的政府政策会产生什么样的结果，我们也应该根据自己的目标和重点倡导不同的私立高等教育政府政策。与会者列举了私立高等教育各种各样的作用，这些作用几乎无法穷尽，但本质上却互相矛盾。面对更广阔的社会，私立高等教育应该满足公共使命和不断进步的社会使命，维护中小学教育，促进可持续发展，消除贫困，为劳动力市场服务，削弱中央国家的集权主义，建立公民社会，促进多元化和民主。作为高等教育，其本身就应该提高学术水平，或者在扩大入学、控制公共成本的同时，至少保持现有的学术水平；创新进取；为公立高等教育改革树立榜样，提供多种选择，刺激竞争，从而提高教育质量。

我们至少能确定以下几个私立高等教育政策的重要研究方法，当然具体政策更为多样化：丰富还是有限？增长还是减少（或者稳定）？相似还是不同（与公立教育政策相比）？敌视还是同情。但是，为了简单说明，我们大概作一比较，为什么有人支持与公立教育基本相似的政府政策，而有人却支持不同的政府政策，前者意味着私立教育的政策的丰富或增加，而后者意味着公立教育的政府政策的限制或减少。

支持公立高等教育和私立高等教育采取相似的政府政策，理由如下：

1. 私立高等教育可以扩大供应，同时基本不需要改变公立高等教育所提供的产品。

2. 同类事物同等对待。私立高等教育与公立高等教育基本是同型同构，也就是说，私立高等教育已经或者变得与公立高等教育相似。不管你喜欢与否，很多私立院校没有明确的任务，既不寻求自主，也不追求责任，只是"随大流"。

3. 让私立高等教育与公立高等教育更相似，因为两者任务一致。所有的教育基本是一项公共事业，所有高等教育必须满足一个共同的社会使命，经费和所有权的差异并非主要的问题。

4. 与第三点相关的是，私立高等教育与公立高等教育的区别，在很大程度上体现于私立高等教育出现的不良目标和行为表现，比如质量低下、追求利益或市场过剩、损害社会团结。

5. 多样性也可通过其他的机构部门来实现，如与"大学"相对的"技术学院"或者"学院"，反过来，私立高等学校在每一类中应该受到同公立高等学校同样的待遇。

6. 自相矛盾的是，上述五点都表明了公立高等教育与私立高等教育的差别有限，然而，为了促进私立高等教育健康有特色的发展，支持对公立高等教育和私立高等教育实施一视同仁政策的呼声日益高涨，"公平的竞争环境"理念在一些提议中有所体现，例如，实行国家认证体系，缩小学费差距，要求政府为消费者提供或确保充足准确的信息，为学生提供教育补助券，允许私立院校竞争科研和其他专项资金（即使它们无法获得每年基本运营成本所需的固定补助）。以上这些措施都体现了抛开政府强化市场这一理念。

支持公立高等教育和私立高等教育采取不同的政府政策，理由如下：

1. 教育最重要的受益人是学生，即使用者，因此，他们应该有权选择教育模式，而不是被强迫接受某一种模式。

2. 只要不是强制实行共同的政策路线，私立高等机构无论有何缺陷，都能努力奋斗，改革创新，提高自身。

3. 即使在私立高等教育内部机构也过于多样，而不适合一刀切的政府政策目标。各种私立高等教育机构既要调整分担需求，又要树立明确的宗教和其他价值观，还要提高精英层次的学术质量。面对同样的规则和动机，私立高等教育机构不能作出满意的回答。

4. 私立高等教育只有在不同于公立高等教育规则和模式的前提下，才能自由发展，并且为公立高等教育改革提供借鉴，如管理、财政、学术等方面。

5. 私立高等教育只有摆脱公立高等教育同等的政府政策，才能形成自己的特色。这种特色基于多项因素，如文化价值、学术创新、教学体系、独立于中央权威的自主性或合法参与者所需的任何事物，无须考虑政府或大部分公众对其特点是否不满。

以上观点不胜枚举。每一点均有反驳意见，也有反驳之反驳。相对于政府政策而言，还不仅仅限于上述两大列表，也不限于后加的其他列表，而在于列表所列举的理由中，由于基本原理不同，解决方案自然各不相同（这包括在相似性与差异性的融合中）。

很明显，私立高等教育要寻求何种政府政策，并没有"正确"或简单的答案。因此私立高等教育在政府政策领域难以与众不同。没有正确答案未必没有好的答案，未必会成为一团毫无希望的乱麻。我们可以有多种选择，这取决于我们的价值观，取决于我们希望从私立高等教育中获取的和不想获取的，也取决于从持续的学术和政策分析中所了解的不同公共政策所带来的结果。

（1998 年夏）

（胡六月译，王一涛、徐绪卿审校）

国际视野中的女性高校

弗朗西斯卡·普赛尔、罗宾·马特罗斯·赫尔姆斯

女子大学在世界上许多国家都扮演了重要角色。目前，亚洲国家这类高校有近 1200 所，如韩国、菲律宾、孟加拉、巴基斯坦和印度，此外还有中东的阿拉伯联合酋长国和伊朗等。西方国家也有许多女子大学，如美国、加拿大和英国；还有非洲的国家，比如苏丹。这些国家由于地区和国情不同，女子大学发展历史各不相同，办学目的也迥异。本文以国际视野对女性高校女子大学的历史背景作介绍，阐明波士顿学院国际高等教育中心新近研究的一些观点和成果。

一　女子大学的演变

最早的女子大学可以追溯到 19 世纪早期和中期，大部分新办的女子大学创建于两年前。不同的文化中，早期的女子大学主要是提供"女性适用"的课程，如师范、文学、音乐等。从前女学生接受的学校教育是从学业方面为她们将来当家庭主妇做好准备。从国际范围来看，随着越来越多的女性开始在公共领域工作承担除家庭以外的角色，女子学院开始拓展课程，增设课程门类，以满足新的需求。历史悠久的女子大学现在开始提供内容更丰富、难度更深的科目。

过去 30 年以来，随着男女合校渐成办学规范，女子大学的数目在许多西方国家开始减少（例如，美国、英国和加拿大）。与此同时，非洲、亚洲和中东的国家开始采取措施建立女子学院，以满足人们日益增长的女性高等教育需求。举例来说，近来阿富汗、孟加拉、巴林、肯尼亚、津巴布韦等国都致力于建立新的女子学院。这些院校的使命是在技

术、医学、商业等领域为妇女提供教育，履行他们为当代女性提供高等
教育的承诺。

二　关于女子大学的争论

尽管美国已有越来越多的文献研究了女子大学的优势和劣势，但是
女子学院的合理性问题在许多国家仍然意见不一。反对者认为，女子大
学加剧了男性和女性的不平等，让女性回归她们传统的学习领域，并没
有为她们在大学毕业后进入社会做好准备，最终不能摆脱那种卑微的性
别角色。支持者则认为，女子大学为女性在大学毕业后更好地融入社会
提供了优良环境。女子大学为女性灌输了一种自我觉醒的意识，培养了
她们对自身问题的良好思辨能力，使得女性更加自强、自尊，并且具有
领导才能。在一些国家，女性接受高等教育是受到严格限制的，而女子
大学则为女性开启了高等教育的大门，不然，女性就会被大学拒之
门外。

关于女子大学利弊的争论在不同国家、不同地区时有发生。这些争
论不仅与不同地区的经济和政治问题有关，而且也与男性和女性的基本
问题有关，例如，基于性别的文化和宗教问题、女性在社会中的角色，
等等。

三　典型的女子大学

为了更好地理解世界范围内的女子大学，我们对全球 300 余所女子
大学展开调查，得到了其中 126 所大学的完整答复。我们调查了一些基
本问题，如大学的使命、学费、所能提供的学位种类以及师生员工的基
本资料。

我们调研的三个最主要国家（指的是调查表发放和回收最多的国
家）是印度、日本和美国，这三个国家的女子大学占全部被调查大学总
数的 88%。这些国家的女子大学与传统大学相比，所占的比例最高。
对这三个国家中典型的女子学院进行比较，能够较好地反映世界范围内
女子大学的相同之处以及由于地区和文化不同所带来的差异。

印度的女子大学基本上位于城市，不附属于宗教。它依赖多种资金来源，包括国家大学拨款委员会（UGC）的拨款以及少部分的学费（学费大约为每生每年 274 美元）。女子大学一般每年招收 1200 名本科生和 400 名研究生，过去 5 年间总体招生数有所上升，最受学生欢迎的学科领域有商务、艺术、科学和计算机科学。

在我们的调查中，就师资而言，印度在三个国家中全职女性教授所占比例最高。印度每所女子大学平均拥有 50 位左右的全职教授，近 80% 为女性，还有 10% 的兼职人员，其中 50% 为女性。生师比为 24：1，50% 以上的高层次管理人员为女性。

与印度相比，日本女子大学的学费为主要办学经费来源，所以女子大学的办学基本依靠学生的学费，大约为每生每年 8600 美元，再加上 5878 美元的住宿费（还有很多学生住在校外）。大学或位于城区，或坐落于郊外。大学平均招收本科生 2111 名，研究生 69 名。近年来招生数保持不变或有所下降，其变化趋势与日本的人口统计结果基本一致。与印度女子大学专业上集中于科学和商务领域的状况相比，日本女子大学中传统的"女性化"课程更受欢迎，比如英语语言文学、日本语言文学、教育和心理学。

师资方面，日本每所女子大学平均有 116 名员工，其中 42% 为女性。兼职人员数超过全职人员数。143 名兼职人员中 39% 为女性。生师比为 18：1，22% 的高层管理人员为女性。

美国的女子大学在地理位置上如同印度和日本的女子大学，主要位于大城市或靠近大城市的地区，几乎全部是私立的。很难说它们是否附属宗教（所调查的大学中，21 所是宗教性质的，20 所是非宗教性质的）。在美国，学费是女子大学主要的办学经费来源，每位学生一年需要 17000 美元的学费，还要加上住宿费 7000 美元。办学经费的另一大来源则是捐赠。

一所美国女子大学一般每年招收 1246 名本科生和 520 名研究生（能否招收研究生主要看该校能否提供研究生课程）。招生数在过去 5 年间或有所增长，或与历年持平。学科设置方面，美国女子大学综合了印度和日本女子大学的特点：美国女子大学最受欢迎的专业是商务、心理学、教育、英语、生物以及护理等。

美国女子大学平均雇用 92 名全职教师，其中 63% 是女性。平均雇用 76 名兼职教师，其中女性的比例几乎等同于女性全职教师所占的比例，即 65%。生师比为 11∶1，73% 的高层管理人员为女性。

三个国家的女子大学有一些共性，但总体看来，差异大于共性。从共性方面来说，这三个国家的女子大学都位于城市，或毗邻大都会。另外，各国相当部分的师资是兼职人员，这从一个侧面反映了世界范围内高等教育的发展潮流。从差异性方面来看，主要的资金来源渠道各不相同，如上所述，日本以学费为主要办学资金，印度则以政府资助为主。专业设置的差别也很大。印度女子大学集中在商务和技术领域，日本的女子大学则钟情于传统的女性学科，如教育和文学。女子大学的办学目标大同小异，它们在应用科学领域向女性提供教育，帮助女性掌握从业的技能，让她们容易找到工作，或者自己创业。女子大学还培养女性照顾家庭的能力，使自己的家庭和丈夫的家庭都兴旺发达。女子大学在国与国之间的另一个差异是女性在管理层的比例不同，这主要是不同国度的历史、文化不同造成的。

四　进一步的研究

我们的研究给出了世界范围女子大学的基本情况，对国与国之间的女子大学作了比较分析，而这只是抛砖引玉而已，未来需要更多更深入的研究。希望我们的研究能够唤起更多学者对女子大学的关注。

（2004 年秋）

（胡建伟译，徐绪卿、王一涛审校）

第二编

非　洲

非洲天主教高校的挑战：非洲和马达加斯加天主教高校协会的角色

米歇尔·勒热纳

在过去的十年间，天主教举办的高校在非洲诞生并经历了一系列变革。政府曾经一度忙于处理国家独立后所产生的各种问题，公立教育萎靡不振，此时需要用新的方式来培养一批新兴的非洲领导人。同时，非洲传统的价值观遭到破坏，日渐式微，并影响到了社会发展，亟须找到新的对策以挽救这股颓势。

为度过难关，公立高校对部分机构和业务进行了商业化运作，但这只是减缓了高等教育衰落的势头，无法根治其弊端。

越来越多的私立高校应运而生，弥补了近几年公立高校的不足。有些私立高校对社会发展起到了积极作用，而有些私立高校只是作为少数人暗中谋取私利的手段而已。问题的关键在于如何使高等教育回到正轨，满足今天非洲社会的需要。天主教教会进入高等教育领域，是提高非洲高等教育质量的有益尝试。

非洲和马达加斯加天主教高校协会（ACUHIAM）便是一个范例，旨在改善非洲的高等教育状况。该协会 1998 年 4 月在乌干达烈士大学①（Uganda martyrs University）召开了最新的一次大会，会上通过了旨在建立高等教育基本方针的决议。决议内容很简单，旨在对目前非洲所面临的实际问题提供明确的答案：（1）非洲每一所天主教举办的高校或高等教育机构都应该致力于成为学术精英中心；（2）本协会的成员高校在选择课程和科目时，应努力满足所在国家的实际需求；（3）本协会

---

① 直译为殉难者大学，这里采用我国外交部网站的译名。

重点关注社会贫困人口，旨在实现人人平等；（4）追求卓越的学术成就，加强地区联系，在各天主教举办的高校之间开展更广泛的国际合作。

这几项决议是非洲和马达加斯加天主教高校协会未来四年的行动纲领。孤军奋战难以有所作为，与他人合作才能取得成功，非洲的高校和高等教育机构需要找到共同之处，这是建立共同价值的基础。协会坚信救助贫困人群是重要的奋斗目标，每一所高校都应该找到最佳的方式去实现这一目标。

作为一个新兴的组织，非洲和马达加斯加天主教高校协会要实现自身设定的目标，必须获得来自非洲以外的力量支持。决心和必要的资源当然很重要，但是国际合作也必不可少。协会成员之间承诺互帮互助、共同发展，秉持"教育本身就是发展"的信念。协会以天主教教义为基本理念和行动准则，毫不畏惧地向全世界宣告自己的身份和立场。

目前天主教举办的高校所面临的挑战是巨大的，其首要任务是追求卓越的学术成就和为贫困人群服务。无论实现与否，所有的成员都应共同努力，将这些任务提到议程中。

这些私立高校应该为学生提供良好的学习和工作环境，促进学术的发展，使他们认识到帮助社会弱势群体的未来使命。能否克服困难取决于所有参与者的决心，尤其是作为主要力量的天主教举办的高校。

非洲和马达加斯加天主教高校协会的未来掌握在所有成员手中，我们应该接受挑战，为天主教举办的高校奠定更加坚实的地位，使其发挥更大的作用。乌干达烈士大学的校训是"力量智慧、推动世界"（Virtuete et Sapientia Duc Mundum），这也许可以告诉我们应该如何看待今天非洲天主教举办的高校。

（1998 年夏）

（胡六月译，徐绪卿审校）

非洲私立高等教育往何处去？

——非洲私立高等教育大会纪实

玛卢贝·玛贝泽拉

位于肯尼亚的美国国际大学于 2003 年 9 月初召开了首届非洲私立高等教育大会。近 90 位与会者中，绝大部分是来自 10 个非洲国家的私立大学的高级管理者，也包括一些国际组织成员、政府官员、外交人员、学者和科研人员。与会者深入讨论了该次大会的主题——"迎接非洲高等教育的挑战：私立大学的作用"，也分享了一些工作经验，并探讨了增进彼此关系的策略。本文着重讨论大会的重点议题。

一　私立高等教育发展的背景

非洲大部分私立大学建立于 20 世纪 90 年代，恰逢高等教育发生一系列变化之时，崭新的环境令人耳目一新。在许多发展中国家，公立大学远远不能满足人们对高等教育的需求，而正是这种需求促进了私立大学的发展。一些教会参与举办的私立大学成为人们在传统公立大学之外的另一种选择。在一些非洲国家，资源匮乏，人口增长，通货膨胀，以及战乱、犯罪、迷信等社会因素，造成了公立教育的衰落（有的地方近乎崩溃），私立大学于是崭露头角。公立教育的衰败反而推动了私立大学的发展，私立大学被认为是安全的求学之地。南非的情况和其他非洲国家的情况不同，占主导地位的公立大学教学质量稳定，同时也像其他发达国家一样，教育的营利性和文凭主义的泛滥促进了私立高等教育的成长和扩大。

私立高等教育的拥护者主张大学及其课程的多样性。考虑到教育是

"公共产品"，政府大多制定相关政策，严格监控私立大学。在加纳，私立大学在学术上必须隶属于公立大学，在行政管理方面可以自主决定。这样的政策虽然被认为可以确保附属学院的办学质量，却也难免产生同质化倾向，而这则可能阻碍私立大学的发展。在肯尼亚，人们采用的一致办法是赋予公立高等教育部门全面的职责，为私立大学颁发许可证。在其他一些非洲国家，例如津巴布韦，私立大学与公立大学则同等对待。可以看出，国家政策在方方面面影响着私立高等教育的发展。

二　关键性的挑战

非洲的私立大学满足了市场对高等教育的强烈需求（尽管一些国家的私立高等教育还没有充分满足市场需求），拓宽了人们接受高等教育的途径，丰富了办学的多样性。非洲的私立大学还让各利益相关者们相信：他们的学校是可靠的，能保证优秀的教育质量。但是，匮乏的设施（包括图书馆和现代技术设备）和资质不足的教师影响了学校教育质量的提高。而且由于教师退休或移民至发达国家或转行至私人企业，使非洲很多私立大学失去了一些高水平教师，但他们没有能力逆转这种局势。私立高校没有充分利用有经验的教师，在培养年轻教师方面也力不从心。自身师资培养策略的缺失导致私立大学长期依赖公立大学的师资，私立大学很大一部分教师是从公立大学退休的教授。这是私立大学追求教学质量的致命伤，且私立大学也已充分认识到了这一点。一些批评者认为，私立大学办学质量之所以不能得到保证，其重要原因之一是由于它们聘用退休教授。然而，并没有证据证明聘用退休教授就降低了办学水准，实际情况恰恰相反。这些批评往往代表主流的公办大学，他们惧怕变化和来自私立大学的竞争。的确，只有教育质量和服务的提高才能够使私立大学与公立大学并驾齐驱。

不管私立大学能否吸引优秀学生，一个很重要的挑战是它改变了传统，使课程成为崭新的、具有创新性的模式。如果私立大学要与公立大学错位发展，就需要考量社会需求，做好相应的课程设计。课程既要不断地适应区域需求和劳动力市场需求，又要满足一定的质量标准。总体来说，非洲私立大学要努力提高课程水平，使之达到普遍认可的大学水准，在国际竞争中得以生存。非洲私立大学面临的挑战和困难还来自于大学所有者，他们经常干预学校的管理、人事以及学术问题，给学校办学造成一定的干扰。

正如在拉美和东欧所经历的那样；非洲许多私立大学面临的一个带有政治性的问题是他们倾向于发展费用不高但需求旺盛的学科。自然科学、物理学、工程学和技术方面的学科虽然对国家的发展举足轻重，但在私立大学中还处于边缘化的状态。假如私立大学想要获得大学应有的地位和名声，就需要提供多样化的学科。

三　结论

尽管困难呈现的方式不同，难度不同，非洲私立高等教育面临的许多挑战也是公立大学需要面对的。非洲私立高等教育主要扮演了支持公立高等教育的角色，如果这种角色的重要性得到肯定，那么就将引发公共政策方面的争论，即政府是否应该扶持私立高等教育的发展。当然，这也将引发关于公立大学和私立大学是否应该在体制内共同应对挑战的争论。同样，也会出现一些其他争论，比如，公立大学和私立大学会有什么样的竞争和合作？如何更好地开发人力资源。要明智地解决这些问题，公立大学、政府和百姓都需要关注可借鉴的模式、已取得的成绩以及本地区私立大学办学的不足之处。也许这些问题及相关的问题都能在下一届由南非主办的非洲私立高等教育会议中展开卓有成效的讨论。

（2004 年冬）

（胡建伟译，徐绪卿审校）

日益私有化背景中的
贝宁高等教育改革

科宾·米歇尔·奎德吉比

在过去的 20 多年里，非洲撒哈拉以南地区的高等教育状况越来越为人们所熟知，如何改善其整体教育条件的思路也逐渐清晰起来，这应该归功于多次区域研究以及国家范围内的摸底调查。如今，在该地区的高等教育改革文献中，最常见的主题词就是"复兴"，这也是 1997 年非洲高校协会和世界银行联合起草的报告中关键性的策略建议。① 根据这份报告，非洲高校校长会议于 1999 年 2 月在坦桑尼亚阿鲁沙举行，会议将主题缩小为"复兴非洲大学：面向 21 世纪的策略"。

虽然高等教育改革已经具备坚实的基础，且改革的消息十分确切，但事与愿违，非洲高校的状况仍然每况愈下。追根溯源是由于行动力不足，研究中提出的解决方法并不能付诸实践，具体的原因有：提供的信息范围不符；改革缺乏坚定意志，守旧势力和各种非学术的担忧因素抵制改革；对高等教育在国家发展中的角色认识不足；现有资源有限，而对策的本质和视野过于超前。

行动力不足既有客观因素，也有主观因素。因此，采用的方法既要考虑高等教育和整体发展的宏观政策，也要考虑某些高等教育机构的内部问题。

最近对贝宁高等教育体系的全面考察就兼顾到了以上几个方面。② 它分析了大学的各项功能，如结构、教学、科研、财务管理、人事管理

---

① 《复兴非洲大学：策略和纲领》，华盛顿：世界银行，1997 年。
② 这次考察由比利时自由大学前任校长 G. 维尔根组织进行的。

和学生服务，还分析了大学与国家的关系，并就此提出建议。报告指出，阻碍贝宁高等教育改革的外部因素是官方无法协调高等教育有计划的改革和当前自由经济大环境之间的矛盾，高等教育改革应当以全面考察为基础。此方法在英联邦国家广泛应用，由政府邀请外部专家参与其中，定期考察高等教育体系或机构的各个方面。

一　背景

贝宁政府的社会主义浪潮兴起于 20 世纪 70 年代中期，止于 80 年代末，它对经济、政治、社会生活，尤其是教育体系产生了重大影响，教育体系由此发生了深刻的转变。80 年代中期高等教育改革兴起，一批所谓"专业化的院校"在国家高校体系内成立，其目的是调整高等教育的培养模式，适应国家对人力资源的需求。这批新兴的院校包括 3 所教师综合培训学院和 1 所教师高级培训学院，为小学和初、高中培养师资。80 年代末期政治动荡，政府无法像以前那样为所有大学毕业生提供工作，毕业生失业率逐年增高。政府决定关闭贝宁国立大学内的上述 3 所教师培训学院，教育系统因此大受冲击。

此后，民主政府建立，自由的市场经济取代了原来的社会主义计划经济，私立学校包括私立高等学校一度繁荣起来。

二　现状

各类公立和私立高校数量猛增，这是目前贝宁高等教育的特点。1998 年，有 27 所私立高等院校获得政府许可，招生人数占总人数的16.72%，这在 90 年代初是绝无仅有的事。只有与教师资格相关的高等院校没有对社会开放，目的是为了保证教学质量。最近对公立高等教育所做的全面考察就指出，公立高校目前仍然占据主导作用，但由于受过去计划经济的影响，无法应对各种需求。

三　措施

在公立教育需求日益增长和教育服务逐渐私立化的背景下，急需摒弃过去计划经济保障所有大学毕业生就业的旧理念。公立高等教育在未来发展方面仍然发挥关键作用，它为初级教育提供师资，也为新兴的小型私立高等院校提供指导，仅仅因为公立学校无法为毕业生提供就业就关闭师范院校，这是毫无道理的。

公立高等教育要充分发挥作用，必须深化改革，考察报告中尤其强调这一点。报告建议从以下 13 个方面进行改革：（1）校长任命模式；（2）学校委员会和核心委员会的组织构成；（3）教师地位和组织机构；（4）财务账目和预算；（5）生源和资源调配；（6）教学组织；（7）科研条件和管理；（8）人事管理和业绩考核；（9）行政部门的重新组织；（10）学术结构；（11）校图书馆组织；（12）学生服务组织（包括住宿、交通、膳食和健康）；（13）奖学金分配制度。

考察报告为改革提供了可靠的信息，也为决策提出了合理的建议，但能否落实于行动，关键在于改革的意志力。在新兴私立高等院校的施压下，改革势在必行。

（1999 年夏）

（胡六月译，徐绪卿审校）

埃及高等教育：私有化的现实政治

伊曼·法拉格

截至 1999/2000 学年，埃及的 12 所国立大学以及它们的 7 所分校招收了 150 万学生。在这个数字基础上，还要算上 4 所私立大学的招生数，大约为 6000 人。尽管埃及私立大学的招生规模还很小，但显示了重大的政治意义——埃及高等教育的私有化发展令人瞩目，也引发了较多争议。

一 私有化的形式

近年来，国立大学开始引进用外语授课的课程。这些课程要收取学费，招收了很多毕业于私立语言中学的学生。这使那些已经具有良好的经济和文化资本的学生能够接受到较高质量的教育并拥有较好的职业前景。一些私立学校已获得国外中学的授权，能发放国外中学的学历证书。这些学校的学生也因此摆脱了噩梦般的 Thanawiyya' Amma 考试①，为此，通往大学的路变得简单起来。

对新的大学法律的讨论由来已久，这种讨论至今仍在延续，显示了教育责任在国立大学和私立大学之间的转移，这是新近教育局势的特点。新法律旨在代替 1972 年的大学法律，使高等教育各类办学都有统一的法律依据，包括国立大学、私立大学、爱资哈尔大学和其他一些高等教育机构。私立高等教育的支持者把这部即将出台的新法律看作是国家掌控私立大学的契机，而公立教育的支持者则认为通过把私立高等教

---

① 全国中学大考，相当于我国的高考。——译者注

育融入更大范围的全民教育体系中，能使它更加规范和合法化。就埃及的情形来看，这两种观点都很有道理。

历史上，私立学校是作为全民教育体系的一部分而出现的，后来也成为国家培养精英的合法机构。目前，除了"开罗美国大学"，所有的私立大学都被看成是只要出得起钱就可以买到学位的地方。1999 年 1月，私立大学，尤其私立的医学院，已经赢得一场斗争，即对医师联合会（Naqabat al-Atibba）的合法斗争，该联合会曾声明只有国立大学的毕业生才有行医资格。还有 18 所私立大学，包括与法国、德国合作举办的学校都在等待政府的授权。新的分类标准能够对私立大学和外国大学的分校做出区分，后者俨然已成为"国家的威胁"，但是学校的创办者争辩说，因为大部分的举办者和股东都是埃及人，所以它们依然是完全的埃及大学。

人们很早就发现，教育能够复制现有社会的不平等。对国立大学学生的社会阶层和教育背景的调研显示，尽管高等教育是免费的，但名牌大学的大部分学生都来自名牌私立中学，这是因为这些学校的毕业生在全国中学大考中总体成绩较为出色，从而保证了他们有更多的机会进入公认的精英大学。目前，人们似乎已经不再关心教育公平问题了，而越来越关心私立高等教育的合理性问题。国家对教育的干涉不再是促进社会发展的方式，而是为了解决当下的矛盾。在官方话语体系中，教育是"公共产品"的一部分，"公共产品"还包括治安、国防和对私有财产的保护等一系列内容，大力发展私立教育与"大社会、小政府"的现代国家理念相符。在高等教育大众化背景下，不同的教育目标针对的是不同的社会群体，对于学习质量和标准的关注似乎与平等的概念无关。一些人则认为，高等教育并不一定要满足社会期望，或满足人们对知识的渴求，只需要适应就业市场就可以。需要调整的变量是高等教育，而不是就业市场，因为它是先决条件。有一只"无形之手"根据市场需要调整着发展目标，而这个市场已经不仅仅局限于一国，它已经包括了全球。

二　现实政治和预期

私立高等教育总体存在的问题是毕业生的失业问题。大学学位的拥有者不是最容易失业的人，但是他们的预期有很重的政治分量。一般来说，一个群体的受教育程度愈高，他们预期的合法性就愈强。在一个中产阶级（其基本表征为拥有知识）整体衰落的社会，一些人可能会认为，高等教育正在失去它的"相对优势"，个人对高等教育所进行的投资，与他未来的薪水、工作条件、职场机遇以及社会地位等不再相关。这种功利态度忽略了一个事实，即人们的期望并不总是跟决策者一致，后者往往是受教育程度较高的个体。高等教育将继续成为个人和群体追求希望和梦想的手段，这种希望和梦想不能简单地归结为物质，它关乎平等和尊严。

1999 年初埃及成立了高水平的委员会来促进高等教育发展。该委员会成立了若干分会，分别负责公立和私立高等教育的均衡问题，高等教育的发展多样性问题，高校办学质量评估问题，高等教育规划问题，研究生教育问题，大学财务问题，大学与社会需求的契合问题，等等。启动高等教育委员会管理的方法是否会影响那些尚未接受高等教育的人对高等教育的预期，这是一个疑问。

（2000 年冬）

（胡建伟译，徐绪卿审校）

埃塞俄比亚私立高等教育：
当前概貌

丹姆图·特法拉

　　埃塞俄比亚公立和私立高等教育正在进行平静的转变。这几年，埃塞俄比亚的公立大学从2所增加到8所，目前正计划新建另外的13所，总投资达14亿美元。目前埃塞俄比亚大学在校生人数超过172000人，其中77%的学生在公立学校就读。埃塞俄比亚攻读学位的学生超过10万人，其中88%的学生在公立院校攻读学位。

　　让埃塞俄比亚人引以为傲的是目前全国共有60所私立高校，招生人数占全国高校招生总数的四分之一。这些学校均是在过去的5年内建立的，其中大部分位于首都亚的斯亚贝巴，只有少数私立大学的一些分校建在首都以外的地区。分析发现，过去几年这些学校的招生比例一直稳步攀升，但近来速度有所放缓，偶尔也有下降的个例。

　　与大部分非洲国家相似，埃塞俄比亚私立院校的课程设置旨在使学生有更好的就业机会，这些课程包括工商管理、计算机和信息技术，此外还有卫生保健、教师教育等方面的课程。除此之外，小部分院校还为学生提供远程教育辅导。

一　主要特点

　　埃塞俄比亚私立高等教育体系有几个特点。例如，私立高校中10%的学生能获得奖学金，有的院校大部分学生可以获得全额或部分奖学金。再如，卫生保健学院的学生只要毕业后到学校所在的私立医院就职，就能获得该校全额奖学金。

私立院校的管理层意识到科研和发表论文有助于提高学校知名度，一些院校已经成立了科研处，组织安排了专门的人力和物力出版期刊和年度文献汇编。一些知名私立院校还以科研业绩作为教师职称晋升的标准。

私立院校自成立之初就各具特点。很多院校担心竞争的威胁，只有少部分院校能坦然面对竞争。尽管如此，一些学校已经建立了良好的声誉。例如，考生要进入知名的信息技术学院，一般需要用半年的时间来申请。这说明，一些私立院校已经得到了社会的认可和推崇。相对于政府管理部门的评估，私立院校更在意公众的看法。

二 监管制度

所有私立院校在中央和各级教育部门的监管下运作，这些部门都有各自的教育评估组织。私立院校成立之前，必须进行注册且通过预先评估。一般而言，只要通过了同行评审，并且运营1年以上，就可获得完全的办学许可权。私立院校每两年接受一次评估，实际上没有一所私立院校在评估中被撤销过办学许可权。

私立院校除了需要教育部门的认可之外，还需要财政部门的认可。若要颁发卫生保健学位，卫生部门的认证也是必不可少的。让问题变得更复杂的是，不同高校的办学许可证应由不同级别的教育部门来颁发。授予学位的院校（"12＋3"和"12＋4"）由中央教育部认证，授予文凭的学校（"10＋3"）由地区教育部门认证，更低级的证书则由更低一级的教育部门认证。

各种评估费时费钱。有的学校授予多种文凭或在其他地区开办分校，评审过程便更加烦琐，花销也更大。另外，某些教育部门因缺乏必要的专业性，从而受到广泛的质疑。

三 挑战

埃塞俄比亚私立高校受到的监管过于严格，这引起了举办者的强烈不满。虽然一些对私立高校心存疑虑的人对其设置了重重阻碍，但他们也不得不承认这种监管过于苛刻，某些要求连公立学校也无法达到，比如高级师资的比例。人们担心这些政策会让私立高校陷入财务危机。为确保教育质量，政策规定必不可少，但是这些政策需要考虑到私立院校的具体情况，少一点繁文缛节，多一点灵活性和可操作性。

私立高校为促进国家发展所起的作用并没有得到人们的认可和赞许，私立院校的领导们对此深表遗憾。他们认为，政府把这些学校当作营利性的企业来看待，只是一味地对他们进行管制，而没有帮助他们解决一些紧迫的问题。

大部分私立高校抱怨首都的校舍租赁成本过高，一些学校只能迁往环境较差的地方，这也是评估时争论的焦点之一。很多学校抱怨购地手续烦琐耗时，银行贷款也很难获得。

此外，私立高校缺乏高素质的师资队伍，信息技术和工商管理类的师资尤其供不应求。于是，很多私立高校从公立高校招聘兼职老师，批评者称这些教师为"出租车教授"，指责他们忙于从一所学校赶往另一所学校上课，在出租车上花的时间要比在课堂上花的时间多。私立学校对本校全职教师课外兼职没有严格限制，只有那些声誉良好且招生数量较大的学校才会招聘更多的全职教师。一些学校，尤其是首都以外地区的学校，甚至把从公立学校招聘兼职教师当作夸耀的资本。

四　总结

当前，埃塞俄比亚正在努力扩大招生数量。毫无疑问，私立高校能发挥重要作用。高等教育的需求日益增长，而公立高校能力有限，这为私立高校提供了有利的政策环境，有助于树立私立高校正面、积极的形象。政府最大的担心是教育质量和公正性，这也是压在私立高校身上的重担。不同的学校在教学能力、所有权、动机和所承担的义务方面各不相同，因此，政府必须采取严格而又公平有益的监管制度。确实，"物竞天择，适者生存"的机制能淘汰掉最差的学校，但是，政府也不能坐视不理、听之任之。尽管对私立学校进行管制的出发点是好的，但是在具体执行过程中也会遇到很多挑战。

私立学校与管理机构之间需要建立起更加积极、更有建设性的关系。目前，埃塞俄比亚私立学校联合会已经吸纳了全国一半的私立院校，它在处理各方面所关心的事务时必定能发挥重要的作用。

（2005 年春）

（胡六月译，徐绪卿审校）

肯尼亚公立高校的私有化

威克里夫·奥帖诺

　　自美国的丹尼尔·C. 列维以来，很多学者分析了私立高等教育对公立高等教育所构成的挑战。然而肯尼亚却提供了另外的案例，即公立高等教育对私立高等教育的发展形成了挑战。在世界范围内，其中一项挑战是公共政策和法规，比如评估制度。本文主要考察另一大挑战，即公立高校的私有化。

　　与大部分非洲国家相比，肯尼亚私立高等教育历史悠久，这有助于加快公立教育的私有化进程。自20世纪80年代末以来，私立高等教育不断发展，地位逐渐提高，而且得到了官方的承认，这引起了公立高等教育的关注和担忧。过去20年间，肯尼亚私立高校由3所增加到了17所，而公立高校自国家独立以来的40年间仅有6所。私立高等教育迅猛发展，主要是因为公立高等教育无法满足社会高等教育的需求，这在非洲其他地区也是如此。私立高等教育招生人数稳步提升，某些大学甚至已经出现了招生"候补名单"，如肯尼亚最大的私立大学美国国际大学（USIU）。面对这样的形势，公立大学采取了具有私立性质的"第二教育模式"（Module II programs）来应对挑战。这些方法在非洲、东欧和其他地区都很常见，上述地区都经历了私立高等教育的产生和快速发展，现在也都经历了公立教育为迎接私立教育的挑战而采取的变革。

　　一方面，公办高校中"第二教育模式"的收费水平与私立高校不相上下，有时甚至比私立高校更高，因为公立高校的教师水平更高，设施更先进，更关键的是，它们的知名度更高。公立高校实行"第二教育模式"的专业，一般都是私立院校缺少或者力量很弱的专业，如医学、工程学等，但是一些私立高校正在逐渐建立起这些专业。也有一些专业是私立高校的强项，比如商科。例如，在 2002/2003 学年，美国国际大学①招生总数为 2931 人，而最大的公立大学内罗毕大学实行"第二教育模式"的商科专业就招到了 2683 名学生。总体而言，内罗毕大学 27839 名学生中，超过一半的学生是"第二模式"的学生，专科层次中只有 1220 名学生属于该模式，而研究生中属于该模式的人数是普通模式人数的两倍。通过"第二教育模式"，内罗毕大学共收入学费 15914639 美元，相当于三分之二的政府拨款，或者相当于三分之一的学校总收入。肯尼亚 4 所主要私立大学的平均学费收入占总收入的 72%。

由于私有化，公立高校招生人数不断增长，财务收入逐步提高，尽管私立高校数量是公立高校的 3 倍，但其招生比例持续下降，从 1999 年的 20% 下降到 2001 年的 16%，再到 2003 年降为 13%。因此，公立高校的私有化影响了私立高校的发展，这一趋势已经持续引发人们的争议。但种种迹象表明，"第二教育模式"的招生数量还会继续增长。不可否认，私立高校招生数量继续攀升（比前 3 年增加了 16%），而公立高校招生数量增长较快与之前招生人数偏低有很大关系，这一点与中国非常相似。

偏激点来说，私立高校对公立高校的私有化趋势尚未做好充分的应对准备。那么，一个基本的问题是：私立高校和公立高校未来的出路分别在哪里？显而易见，无论是公立高校还是私立高校，私有化进程将持续下去。私立高校应规划有效的方案来应对公立高校的私有化，不断创新，保持竞争力。尽管私立高校有一些明显的优势，但至少在初期阶段它们并没有充分利用好自己的优势，也没有积极应对新兴模式的挑战。

肯尼亚的公立高校私有化对私立高校构成了挑战，而国外大学与肯尼亚当地学校联合办学，对公立高校和私立高校都构成了巨大的挑战。这些国外大学有南非大学、伦敦大学、南非理工大学、南非自由州大学、澳大利亚研究院以及英国大学联盟。国外大学利用肯尼亚较为自由的氛围，给当地学校带来了竞争。似乎只有公立大学做好了应对这种竞争的准备，而有趣的是，它们应对的方式却是允许当地私立高校以它们的名义颁发学位。

---

① 该校的商科很有名。

　　总而言之，在全球范围内，私立高等教育代表了一种市场化的选择，发展前景看好。但在肯尼亚，公立高校和国外高校在教育领域展开了激烈竞争，为私立高校的发展带来了新的挑战。

（2004 年夏）

（胡六月译，徐绪卿审校）

南非：营利—公办高校的结合

丹尼尔·C. 列维

一　营利性的浪潮

　　营利浪潮的掀起是全球私立高等教育扩张的一个显著特点。许多私立大学从法律地位上看是非营利性质的，而在实际操作中却像是营利机构。我们所关注的焦点是那些具有合法地位的营利性教育机构，目前这类机构愈来愈多。

　　美国高等教育的营利浪潮始于20年前。让人惊诧的是高等教育的营利性问题已然成为学术界的热点问题，而美国提供了进行此类研究不可多得的案例。但是，就营利性高等教育的现状及未来发展趋势而言，美国的情况并非独一无二。巴西、中国、约旦、马来西亚、菲律宾和乌克兰都是在营利性教育方面发展较快的典范，而另外一些国家却排斥营利性高等教育。

　　在探索营利性教育方面，除美国之外，南非也提供了颇为有趣的案例。南非的私立高等教育始于20世纪90年代，从专门学校到函授课程，再到其他办学领域，都发展得较好。与美国不同的是，南非的私立高等教育绝大部分是营利性的。近期南非西开普敦大学人文科学委员会和教育政策部门的合作调查，为该国的营利性教育研究提供了大量的信息，在这一方面他们做得比除了美国之外的任何国家都出色。

　　南非的案例可以帮助我们探索公、私合作的机制问题。公、私合作一方面涉及营利性学校和政府政策的关系问题；另一方面也就是本文所要研究的问题，即营利性高等教育机构和公立高等教育机构之间的关系问题。南非在营利性教育机构和公立学校的合作方面显示了令人瞩目的特点。未来的研究应更多地讨论南非的情况对于存在营利性大学的地区有多大的普遍性，同时应比较其他地区在营利性教育机构和公立学校的合作方面与南非存在多大的不同。

二　营利对公立的补充

补充公立教育的不足是南非发展私立高等教育的重要原则，也是南非私立高等教育的现状。南非于 1997 年废除了种族隔离制度，新政府在同一年所发布的白皮书中声称欢迎私立高等教育，但是对私立高等教育设立了限制，强调私立高等教育应致力于提高大学的入学率并提高大学毕业生的就业水平，而不是为了挑战公立高等教育。

事实上，南非的营利性高等教育主要存在于"第五级教育"中，这一级别的教育低于标准的本科水平。南非的营利性大学主要集中在第五级教育水平上，这与美国形成了鲜明的对比。① 南非营利性高等教育的另一个显著特点是它主要集中在商科领域，填补了公立高等教育在这个领域的不足。同时，营利性私立大学的教材更加丰富，教学方法也更灵活多样。

南非与其他第三世界国家不一样，它尚未受到公立大学教学质量下滑之苦。与大多数亚洲国家一样，南非也没有出现公立大学的大量教师跳槽到私立大学的现象。鉴于这种情况，在学术上非常强大的公立大学几乎没有感受到来自营利性私立大学的威胁，因为后者并不追求学术上的卓越。

在这种情况下，公立大学没有对私立大学持敌视的态度，反而对他们表现出相当程度的友好。社会地位不高的私立高校大量涌现，减少了（当然并不是完全消除了）公立大学所面临的许多压力：他们不必招收不达标的学生，不必承担他们专业和兴趣之外的任务，不必直接面对就业市场，不必费尽心机考虑收支均衡问题。

---

① 营利性在南非的继续教育中也非常突出，但在南非，继续教育并不被看作高等教育。

当然，公立大学也并非纯粹的被动静观者。20 世纪 90 年代，南非的公立、私立高等教育迅速建立了良好的合作伙伴关系。其他一些国家，如中国和马来西亚，私立高等教育（营利或非营利）正在崛起。这些国家也存在类似的情况，但与南非相比也有差别。

南非公立大学为了自身的利益和发展，也在努力招收付费生。私立大学则希望能够建立起与重点高校的联系，从而能够利用这些高校良好的设施，增加学生进一步求学的机会，并开设出重点高校已开设的课程。所有这一切都有助于提升学校的招生吸引力，合作双方也因此能提高自己的合法地位和财务能力。私立大学认为财务能力就是营利的能力。

三 营利和公立的竞争

南非营利大学和公立大学之间也有一定的紧张关系。即便是大学间友好合作，政府仍然对大学的财务管理持怀疑态度：政府资助最终到哪里去了，公立大学究竟给私立大学学生提供了什么样的帮助，营利性大学到底起到了什么样的作用？1999 年政府实施了一项政策，暂停了新的校际合作计划。

事实上，即便存在伙伴关系，大学间也并不总是友好相处的。虽然南非私立大学以营利性为主导，然而这一点并不能让普通的公立大学放弃对新建私立大学的戒心，究其原因是这一地区历来缺乏私立高等教育的传统。公立大学对私立大学的批评是它们学术水平低下、唯利是图。这种批评不管正确与否，对营利性的私立大学来说多多少少也算是事实。与此同时，营利性的私立大学有时也批评公立大学对它的阻挠，指责公立大学自视甚高的傲慢态度，指责公立大学往往不能将合作中的承诺付诸实施。

南非的营利性和公立教育的合作案例表明，多种办学形式可以同时存在。的确，私立高等教育有限的办学形式[①]限制了它在学术顶层的竞争。一些公立大学已经请求政府对这类合作加强控制。近来南非政府采

---

① 包括非营利大学和宗教大学。

取了一些针对这类合作办学的具体举措，开始对 20 世纪 90 年代就快速发展的跨国大学①实行严格的限制措施。

以营利性为主导的大学之间的竞争实则为商业竞争，营利性目标的实现需要成本核算。正如美国和南非营利性私立大学那样，这些大学放弃了学术追求和其他"外饰"，因为这些方面无助于学生就业，从而无助于提高学校对学生的吸引力。他们用各项指标说明学校在就业市场的成功以及学生对办学的满意度。营利性私立大学的各项创新以及针对就业的教学模式给竞争对手带来了威胁，同时，精益管理和精干的师资结构也同样给对手造成了威胁。当南非一些商业集团拥有自己的私立大学、可以直接提供就业培训时，营利性私立大学给公立高校带来的挑战就变得更加严峻。

在南非以及世界上许多地方，高等教育承受的压力越来越大。当人们越来越希望高等教育能够帮助解决诸如毕业生就业这样的问题时，营利性私立大学所带来的挑战也日益加剧。南非的案例清晰地说明了营利性教育和公立教育既合作又竞争的事实。

（2004 年秋）

（胡建伟译，王一涛、徐绪卿审校）

---

① 如邦德大学和摩根州立大学。

第三编

亚　洲

亚洲高等教育中的私有部分

菲利普·G. 阿尔特巴赫

　　私有化是全球范围内高等教育发展的主要潮流。新的私立大学，尤其是发展中国家和苏联一些国家的私立大学正在迅速成长。当政府无法或不愿为成长中的中学后教育提供必要的支持时，私有化填补了空白。大众化的重要体现是对日益增长的私立高等教育的依赖。私立高等教育是世界上中学后教育发展最快的部分。在许多人将目光投向美国私立高等教育的时候，我们不妨来看看亚洲的经验，这可能会让我们收获颇丰。美国大约只有20%的学生就读于私立大学，而亚洲一些国家有高达80%的学生在私立大学就读。对于私立高等教育飞速成长的地区而言，亚洲私立大学所面临的问题具有典型意义。

　　亚洲的私立大学一直以来都是高等教育的重要组成部分。日本、韩国、菲律宾和印度尼西亚私立大学招收的学生有时竟高达80%。大部分印度学生就读的也是私立大学，这些私立大学往往得到政府的大力资助。私立高等教育在亚洲一些地区呈持续增长态势，例如中国、越南以及中亚的一些共和国，虽然私立高等教育的发展在这些地区还远未达到活跃的程度。

　　总体来说，亚洲私立大学处于亚洲大学体系的低端。高质量的私立大学甚少，少数几所高质量的私立大学包括：日本的早稻田大学和庆应大学，菲律宾的德拉萨大学和雅典耀大学，韩国的延世大学，以及印度尼西亚的圣法大学。一般情况下，私立大学经费依靠学费，公共资金资助甚少（尽管在日本和其他一些国家私立高等教育能得到一些有限的政府资助），这些国家没有公共资金进入私立高等教育的传统，因而私立高等教育不能吸引最好的学生。然而，对于那些原本不能获得学位的学生而言，私立高等教育为他们提供了一条不可多得的途径，因此，私立高等教育起到了不可替代的作用。

由于亚洲私立大学间的显著差异以及它们在社会中所扮演的不同的角色，分析亚洲私立高等教育颇具意义。如上所述，一些亚洲国家有一些非常有声望的私立大学。某些情况下，这些大学能得到宗教组织的赞助，大部分宗教资助来自基督教组织，当然基督教不是唯一给予私立大学资助的宗教组织。日本的上智大学和同志社大学，韩国的延世大学和西江大学，印度尼西亚的圣法大学，菲律宾的德拉萨大学和雅典耀大学，都是范例。这些大学在本国历史悠久，有着培养精英人才的传统。另一个系列是新兴的私立大学，通常擅长于管理类、技术类领域，能够为学生提供符合他们需求的、市场定位明确的学位。菲律宾的亚洲技术学院和泰国的同类院校就是这种类型的大学。这些有名望的私立大学能长时间地保持自身的地位，其生存主要依靠学费收入。新加坡正在和欧美著名的管理学院合作，建立半私立的高等学校以及专门的商业高校。

大多数私立大学为大众化的高等教育市场服务，而这样的选择却是不得已而为之。尽管有一些大规模的院校，如菲律宾的远东大学，招生人数非常多，还一度列入马尼拉股票市场，但大多数学校规模甚小。一些学校受助于私人的非营利性组织，如宗教组织、种族组织或其他一些团体。许多学校的所有者是个人或家族，有时所有者会运用一些形式化的管理手段，借此掩盖真正操控学校管理的行为。在那些还不鼓励建立营利性私立大学的国家，私立大学的家族经营模式也已成为日益普遍的现象，然而学者们却未能对此现象给予应有的关注。

世界上最令人感兴趣的私立高等教育发展是中国私立大学的崛起，私立大学在汉语中被称为民办院校。目前已有 1000 余所民办院校，约100 多所（2002 年统计）得到政府认可。新的规范民办大学的法律就要开始实施。政府确信新的私立大学能为那些考分低、不能被公办大学录取的学生提供一条求学之路。目前，大部分民办大学仅仅向受教育者提供职业培训而不能授予学位。

许多亚洲国家在管理私立高等教育方面很有经验，也有一些国家尚处于摸索之中。这些国家面临这样一些挑战：既要允许私立大学在内部进行自治，使他们能自主地建立并管理学校，以及在不同的教育市场中展开竞争；与此同时又要确保国家的利益。印度大部分本科生都在私立大学就读，这些大学多由政府资助，同时受到其所附属大学的严密控制。大学所行使的权力包括：设计和管理考试、授予学位、设定入学资格、监督教职工的聘任。大学实质上都是公办院校，他们掌控所属的私立本科学院的行政和学术。印度的公—私管理模式在世界上独一无二，值得学者深入研究。

日本和韩国对私立大学的严格控制由来已久。国家的控制涉及学校的各个层面——教职工的薪水、招收数、新的院系或项目的设立以及董事的任命监督等。而近年来，这两个国家已给予私立大学更多的自治和自由。其他一些国家也有放松控制的态势。

私立高等教育已遍布亚洲地区，那些正致力于扩大私立高等教育的国家应借鉴亚洲的经验。中国的私立高等教育发展迅速，虽然其中的大部分并未得到官方认可。越南和柬埔寨私立高等教育的发展也非常迅速，属于苏联的一些中亚国家的情况也是如此。这些国家面临着严峻的挑战，他们需要确保私立高等教育有效和良好的运行，使之符合国家的教育目标。亚洲在私立高等教育方面已体现了多样化的资金模式、管理模式、产权模式和国家监督模式。

（2002 年秋）

（胡建伟译，徐绪卿审校）

中亚的私立高等教育

别尔梅特·吐桑库洛娃

从游牧部落时代到 1991 年脱离苏联独立，中亚各国在文化和历史上有很多相似之处。在苏联时期，中亚国家和蒙古都实行中央计划经济，高等教育尤其是科学领域的高等教育，被视为高水平的体系。苏联解体后，这些新兴独立国家经济混乱、社会动荡，这也波及了教育体系，在很多后共产主义时代的国家出现了大量的私立高校。尽管很多人认为，这些新兴的高校对公立高校和教育系统普遍构成挑战，但是大部分新成立的学校只有一个目的——为高校所有者或创建者赚钱，这一目标定位对该地区私立高校的社会地位带来了负面影响。

一　国家控制

中亚地区的高等教育政策和法规非常类似，除了土库曼斯坦，它没有私立高等教育机构，由"国家赞助人"监督管理高等教育机构。所谓的"国家赞助人"包括土库曼斯坦总统、政府副主席和各部部长，他们还负责学生管理和毕业生就业工作。

严格地说，乌兹别克斯坦也一直没有私立高等教育机构，直到最近才有所改观，因为之前该国法律并不承认私立高等教育。在国际上，这一情况并不少见。一些未经许可的非公立高校事实上一直存在，但它们颁发的文凭未得到官方的承认，比较有名的学校如位于塔什干的克拉加克·里米国际商学院（克拉加克·里米在乌兹别克语里的意思是"未来知识"）。2004 年 3 月 3 日，政府出台新规，允许为非政府教育机构审批办学许可证，克拉加克·里米国际商学院已经获得许可，现在按法律规定运营办学。

目前，乌兹别克斯坦、哈萨克斯坦、吉尔吉斯斯坦共和国、蒙古和塔吉克斯坦在法律上均允许公立高校和非公立高校共存。其中哈萨克斯坦、吉尔吉斯斯坦和蒙古的私立高校数量最多，例如，哈萨克斯坦有114 所私立高校和 50 所公立高校，蒙古有 29 所私立高校，而塔吉克斯坦只有 2 所正式的非公立高校。

正如前文所述，中亚地区私立高校的法律有很多相似之处，最核心的文件都是教育法。另一共同点是各国的教育系统都由教育部门管理。此外一些政府机构，如各类委员会、检查机构等也可以执行法律。法律条款为高等教育机构办理审批和许可手续提供保证，国家检察机关审批和许可至少每五年开展一次。

国家是公立高校唯一重要的经费来源，它拥有很大的控制权。私立高校办学许可证由国家颁发，非公立高校只有取得此类许可证才能运营办学，因此，从某种程度上说，国家也控制私立高校。为了取得许可证，私立高校需要达到一系列的标准，例如，一定数量合格的全职和兼职教师，为教师、学生和图书馆提供空间场所，等等。按照国际惯例，教育部门和其他政府机构设定这些标准，同时教育部门还批准课程、教学大纲和教材。有了办学许可证，私立高校才能招生。高等教育机构有义务向报考学生出示办学许可证和其他相关证书。教育部门除了授予许可证之外，还承认私立高校的学生身份资格。学士、硕士学位论文和期末考试的要求必须达到教育部的标准。

二　措施

总之，国家利用其影响力，在处理与私立高校的关系时，具有重要的权力。私立高校缺乏经费和资源，无法雇用全职教师，达不到教育部门的规范要求。根据当地法律，私立高等教育机构拥有合法地位，但是，仍然很难判定私立高校的性质，所以我们需要采取一些行动梳理现状。目前，教育部门无法评估和认证高等教育机构，因此需要建立独立的评审中心；经费来源可以多样化，鼓励学校筹集争取额外资金；其他国家已经实行以学生为中心的教学和课程改革，我们应该培养自己的课程专家和其他教育专家；加强教育界人士在高等教育管理方面的技能；
国际组织游说政府支持中亚地区私立高等教育的发展。没有以上这些措
施，很难发展高质量且具备竞争力的私立高等教育。私立高等教育地位
不稳但发展迅速，这就是当前中亚私立高等教育的现状。

（2005 年冬）

（胡六月译，徐绪卿审校）

阿塞拜疆共和国
私立中等后教育的兴起

詹姆士·S. 卡特欧、雷蒙德·麦吉

苏联解体后，各加盟共和国走上了曲折的民族自决的道路。在俄罗斯境外的外高加索边缘地区和里海东面的中亚各国，一段传奇故事悄无声息地展开了。新兴国家及其人民面临艰巨的挑战。苏联发展模式下的高等学校缺少办学支持，已经四分五裂。在苏联控制下的 80 年里，自由市场经济的价值观和定位目标一直遭到谴责和否定，因此，很多观察家认为，面向西方的市场经济转变是经济发展的必要条件，甚至关系到生死存亡，这是一项伟大的事业，需用精神层面的重构。本文概括了作者最新的研究成果，描述了阿塞拜疆共和国高等教育体系的变化以及当前社会变革时期私立中等后院校的兴起。

一 阿塞拜疆的高等教育

阿塞拜疆的高等教育是苏联庞大教育体系的一部分，其特点是学校种类和任务差异巨大。高等教育机构经费来自中央财政，受到教育部门控制。高校为经济生产、科学和文化培养各类专业技能人才。目前，阿塞拜疆仍然保留了苏联时期兴建的各类高等教育机构，既有综合性大学，也有小型专业院校，其范围涵盖了师范、外语、技术（比如工程和石油科学）、农业、法律、经济、医学、艺术和体育教育。

阿塞拜疆大部分高等教育机构仍沿用苏联的模式，但是自从苏联解体后第一届政府于 1992 年 10 月颁布新教育法以来，很多专科院校重新分类为大学。新教育法为整个教育体系的原则和结构重新立法，并且允许成立私立高等教育机构。

二　私立高等教育的兴起

20 世纪 80 年代后期，戈尔巴乔夫尚未开展经济改革，苏联高等教育体系中还没有私立高校。1991 年，私立院校开始萌芽，现在阿塞拜疆已经有一百多所私立中等后院校。在一些关键因素的综合影响下，私立院校产生了。因素之一是在俄罗斯和阿塞拜疆兴起了一股尝试开办私有企业的浪潮，私有化吸引了人们的广泛兴趣。公立高等院校的现状也促进了私立高校的兴起。公立高等教育举步维艰的状况和一些腐败的行为让学生和他们的家长大为失望，他们转而投考私立院校。如果读公立大学的开销是个无底洞的话，那么私立学校也许是个更有吸引力的选择。

传统院校的学生生活和就业机会也发生了巨大的变化。曾经为学生提供各种社会和公民活动的青年组织，现在已经大幅减少了。高校集中控制和集中筹资的模式轰然解体，传统院校的学生生活处于不稳定的状态。越来越多的西方企业在阿塞拜疆建立，它们需要大量会讲英语的毕业生，这也带动了新的需求。传统院校缺乏发展方向，逐渐衰落，它们甚至无法定期充分支付教师工资。新兴私立院校由少数企业家出资建立，他们看准当前的供需矛盾，成立学校，有效地满足市场需求。

阿塞拜疆目前有 100 多所私立中等后院校，其中 10 所学校已经接受教育部专家委员会的评估，获得政府部长内阁的批准，拥有正式的法律地位。私立高等教育机构迅猛增长，人们担心专业教学质量滑坡，于是政府扩大对学校文凭、入学和经费的监管。很多高校自我定位，提供以市场为导向的课程设置，比如商业管理、经济、新闻、英语翻译和法律。更多的学生和家长相信私立院校的教师在西方留过学，传授西式课程，能使学生多了解西方国家，从而具备有益的学术和语言技能。

三　私立高等教育的未来

阿塞拜疆私立高等教育的发展环境也有很多不确定因素，例如，货币体系不稳、政府政策摇摆不定、公立特许学校地位不一（shifting terms of their public charters）、腐败和以权谋私，这些都无法为商业活动提供良好的环境。但是，私立高等院校在国家建设和全球融合的过程中努力找准自己的位置，发挥关键作用，满足生产、贸易和大众服务日益增长的需求，由苏联时期统一化的办学模式转变为现在多元化的运营机制。阿塞拜疆希望未来石油开发和西方投资能为疲软的经济注入资金，私立院校培养的毕业生恰恰能有助于振兴经济。私立高校能否保持稳定赢得信任，并且在民主社会发展的进程中发挥重要作用，这一切只有时间能证明。

本文还有未删节版，里面分析了阿塞拜疆首都巴库的一所主要私立高校，有需要者可向作者索取。1996 年春，这所高校已经成立了三年，在校生约 2000 名，每生每年学费为 1000 美元，大部分教师以前在公立高校工作，很多人在莫斯科获得学位，几乎用全英文教学。该校英文教学的性质、教师摆脱说教式的传统教学方法、整体策略计划活动、努力实现教授治校，这些都是文章重点分析的内容。

（1996 年 7 月）

（胡六月译，徐绪卿审校）

孟加拉国正在兴起的私立高校：公立高校的敌人还是同盟军

里查德·霍普

1992年，孟加拉国颁布了一系列高等教育法律后，私立高校开始兴起。五年间，这些非政府学校成为学术领域的重要组成部分，满足了高等教育迅速增长的需求，也对处境困难的公立高等教育体系构成了新的挑战。但是，孟加拉国私立高校的现状表明，私立高校的兴起是对传统公立高等教育体系的补充而非威胁。

人们对孟加拉国的印象是一个贫穷和多自然灾害的国家，这与私立南北大学（NSU）装有空调的计算机实验室似乎是两个截然不同的世界。在这所位于首都达卡的学校里，工商管理专业的学生正在使用配备奔腾处理器和激光打印机的电脑，而楼下则是肮脏拥挤的大街。南北大学1600名学生还享有宽敞的图书馆，里面配有各种教材、学术杂志和期刊。在南边几百英里远的吉大港市，吉大港科技私立大学有625名医学院学生，其中的三名学生正在附属医院五楼的手术室里，协助做子宫切除紧急手术，而另外一群学生正在实验室解剖人体。

1992年，孟加拉国颁布《非政府大学法案》，允许成立私立高校，这才有了全新的学习环境。此前，孟加拉国只有8所公立高校，少数符合条件的学生才能进入公立大学。8万名考生中，75%被挡在了大学校门外。很多经济条件不错的学生跑到印度、美国等国外大学攻读学位，其他学生只能回家待业或者进入当地劳动力市场。

高等教育需求过剩加剧了公立高校校园暴力。自1971年国家独立以来，校园内的政治党派一直主张武装学生团体。由于校园暴力行为，每年学生活动大大增加，每学期正常的教学活动被无端地终止，有时甚至一年停课一百多天，以最重要的达卡大学为例，三年能获得的学位在这里需要花上六年时间。与之形成对比的是，私立大学不会因为局势动荡随意停课，学生能正常地攻读课程，获取学位。

自 1992 年新法案颁布后，新成立的私立高校不下 16 所，其中 130 所位于达卡，两所位于吉大港，一所位于库米拉。对于人均年收入仅 277 美元而公立高校几乎免费的孟加拉国来说，新兴私立高校的学费简直是个天文数字。最昂贵的私立高校是孟加拉国独立大学（IUB），它位于达卡富裕的巴里达拉区，那里居住的多是成功的企业主和外籍人士。独立大学每年学杂费近 5000 美元，私立南北大学紧随其后。相反另一所私立高校中央女子大学只有 88 名学生，没有计算机实验室、图书馆和空调，每年学费仅为 500 美元。但是，大部分私立高校面向逐渐壮大的中上等阶层，学费为 1000—2000 美元不等。

私立高校将大学费用转嫁到个人，精英主义必然开始崛起，但是，很多孟加拉国人坦然接受这一新事物。他们认为，高等教育应该为个人而非整个社会造福，应该由使用者而非纳税人为高等教育特权买单。支持者坚信私立高校将引入先进的能力标准和责任制。也有人担心私立高等教育兴起后，"学位买卖"更加商业化，这会带动高等教育背后的利益驱动。不过，《非政府大学法案》的一些重要条款在某种程度上压制了这些苗头。

建立私立高校首先需要具有董事会的非营利公司或基金会，将约 25 万美元存入专门的政府有息账户。此外还需要个人的支持，这些人乐于解囊，对教育感兴趣或与董事会私下有交情。私立高校成立的前五年，依法可以租借教室和办公场地，此后一定时间内，必须拥有有契土地，供学校进一步发展。一些学校既没有额外资金购买土地，又无政府赠地，也没有慈善机构的资助，这对它们来说是个很大的挑战。

新法案还规定，5% 的招生名额必须保留给优秀的贫困生，为他们减免学费，此举是为了最小限度保证学生群体的多样性。某些学校的经济资助力度更大，例如，阿桑努拉科技大学（Ahsanullah University of Science and Technology）答应给另外 5% 的学生免去一半学费。

学校创建者和工作人员慷慨大方、乐于奉献，私立高校才能持续运营。东西大学和中央女子大学的校长都是退休公务员，他们和私立大学的很多教工一样，义务为学校工作。一些私立高校为吸引教师，提供比公立高校更高的薪水。但是，作为高等教育的政府监督机构——大学教育资助委员会（UGC）调查发现，私立大学全职老师和学生的比例非常低。公立大学的教师并不愿意丢下稳定的工作去私立高校谋职，私立高校只能招聘到兼职教授，也有很多退休教授在新成立的私立高校当全职教师。

16 所私立大学教学质量各不相同，但它们有很多共同之处，其中最显著的共性是普遍采用美国高等教育模式，如四年制学士学位、学分和学时制、美国式的校历。很多私立高校尝试与国外高校尤其是美国的高校"接轨"，但大部分只是照搬模式而已，目的就是为了与国外学术机构建立联系，使学校更合法、更出名，这种国际关系也能增加出国留学的机会。也有一些私立高校，如南北大学，在聘请国外客座教授方面积累了丰富的经验，但是，要真正建立富有成效的合作关系，还要假以时日。有 330 名学生的 AMA 国际大学是一所位于达卡的私立高校，它便是菲律宾和孟加拉国合资办学的成功范例。

私立高校开设的课程实用性强，有经济效益，普遍受到学生欢迎，这些课程包括工商管理、计算机科学、工程学、医学等。而宗教学校开学第一年就尝到了苦果，宗教学课程吸引的学生不及科学和商学多。两所穆斯林大学为吸引更多的学生，只好增加市场营销、牙科等普遍受欢迎的学位课程。除了这些核心课程之外，私立高校还增加课程的创新性和专业性，开设环境研究、灾害管理、理疗、纺织工程等专业，几乎所有私立高校都开设或准备开设工商管理硕士专业。私立高校与公立高校展开竞争，迫使它们提供类似的学位课程，否则会失去市场。

孟加拉国私立高校的兴起，压制了公立高校的发展，但是私立高校高昂的学费又为公立高校增加了竞争的砝码。私立高校弥补了公立体制的不足之处，但又无法取而代之。

（1998 年冬）

（胡六月译，徐绪卿审校）

印度政府和私立高等教育
发展之间的分歧

艾沙·古普塔

一 联邦政府和邦政府的作用

印度是拥有世界上第二大高等教育体系的国家，也是拥有世界上第三大技术人力资源的国家。其高等教育体系内约有 304 所大学，其中有 62 所"准大学"，2 所开放大学，14600 所学院，1000 万学生，50 万教师。除了这些公立和私立院校，进行高等职业技能培训的私立学院的确切数目、国际学院的确切数目，以及他们的确切招生数尚不得而知。

印度的私立学院历史悠久，私立学院当前的成长得益于国家的限制较少。在印度独立之前，许多慈善家、有宗教信仰的个人在一些大学建立了高等教育学习中心，以促进人的价值观、尊严以及诚信等品质的养成。创办私立大学旨在推进社会变革，引领社会进步，而非获得经济利益。

即便在独立之后，私立学校和家族办学在支持高等教育方面仍起到至关重要的作用。1950—1951 年中央政府在整个高等教育的支出份额中仅占 49%。20 世纪 80 年代政府的资金投入已上升到 80%。至 90 年代，政府削减了部分支出，以完成结构性调整，为资金自给的私立高等教育的迅速发展开辟了道路。一方面政府投入削减；另一方面私立高等教育持续扩大，这是亚洲大部分地区的基本态势。然而尚不为人所熟悉的是印度私立大学在办学方面取得的丰富经验，即私立院校既具备合乎法律上的私立性质，又在财政上能够得到政府的资助。

印度与众不同的另一方面是，中央政府仅仅提供了高等教育经费总额的 1/4，其余大部分经费都来自各个邦。联邦政府和邦政府都可以颁布与教育相关的法律，如两者有冲突，则以国家法律为准。尽管联邦政府努力规范各邦的私立学院，例如，它运用 1995 年通过的《私立大学法案》来规范各邦的私立学院，但这种努力却因受到来自私立高等教育界的反对而以失败告终。私立高等教育界反对该法案提出的私立学院必须能够得到高额捐赠资金的规定，反对该法案所要求的私立学院必须对 30% 左右学生免学费的规定，同时也反对该法案关于私立学院必须受国家政府制约的条款等。联邦政府最终没有进一步实施此项法案；相反，它采取了另外一项政策，由大学资助委员会和其他国家机构制定符合国家目标和要求的标准，鼓励那些"准大学"变成真正的私立大学。

根据 2000 年大学资助委员会法案第三条，"准大学"需要有生存能力，具备弘扬大学理念和大学传统的管理能力。在这个框架下，印度私立高等教育的先锋——马尼帕尔学院成为最早得到认可的"准大学"，这是印度唯一一所资金自给的大学，而大多数的大学或显性或隐性地依靠公共资金资助得以生存。

出于对教育的共同的责任感，一些邦政府已经通过了自己的私立高等教育法案。昌迪加尔于 2002 年率先通过了私立大学法案，新建立的北安查尔邦于 2002—2003 年成功地建立了四所私立大学。事实上，私立的医学院和工程学院数目激增，尤其是在印度南部和西部各邦，如安得拉、泰米纳度、卡那塔卡、喀拉拉和马哈拉施特拉。

以 2001 年为例，安得拉邦已有 95 所资金自给的工程学院和 303 所医学院。而该邦在 2001 年只有 2 所公立工程学院和 25 所公立医学院。由于许多邦的私立大学成立得较为仓促，没有足够的基础设施和相应的师资力量；同时一些在办的大学以设置专业化的课程或开展境外合作等名义迅速提高学费，这些现象无疑导致公众的不满和抵制情绪，造成一些示威运动，而迫使司法介入。

二　最高法院判决的影响

然而，最高法院时不时地介入以及它自相矛盾的判决只不过增加了混乱。印度宪法保证各少数民族在信奉自己的宗教和使用自己语言的基础上，有权建立和实施高等教育，允许少数民族以宗教和慈善为目的创办大学。但是精明的政客和商人利用了这一政策，他们或合法或不合法地大量募集资金，所收的学费甚至超出了许多中产阶级家庭的承受能力。在尤尼克里斯南与安得拉邦案（1993）中，最高法院禁止了学费法案（1988）。取而代之的是，通过与相关的邦政府协商，允许一些"付费的名额"作为折中办法。这样，政府以社会公平的名义令一些家庭为教育全额买单，不仅为自己的下一代还为别人的后代买单。同时，联邦政府还允许邦政府帮助管理那些办学力量较弱的私立学校，调控入学人数及指导专业教育。

然而，在 T. M. A. 派与卡那塔卡案中（2002 年 10 月），最高法院改变了其早先的尤尼克里斯南的立场，给予那些资金独立的个人及群体以政策优惠，允许他们自主办学，创建私立高校。尽管法院警告说不能任由私立大学"商业化"，而警告的实际作用并不明显。

在 2003 年 8 月 14 日的判决中，最高法院又采取了严格的立场，反对私立大学的高学费和牟利倾向。私立大学以任何形式收取高额学费都会背负罪名，而最高法院此举也可能受到低估私立大学作用的质疑。当然，后果依然不明了。举例来说，我们常常听到这样的报道——人们为争夺职业私立学院的入学名额而在私底下向学校缴纳巨额的费用。

尽管已有法律规范，一些政界、商界及学界的结盟体仍促成高等教育为私人牟利的商业化倾向。虽然民主的印度在强化邦政府和法院的作用方面成绩显著，但它也无可避免地被卷入私立高等教育商业化倾向迅速扩大的国际性潮流中。究其原因，一方面与新的具有主导地位的政治经济市场环境紧密联系；另一方面也与缺乏严格的政治法律体系有关。

（2004 年春）

（胡建伟译，徐绪卿审校）

日本私立高等教育中的性别分层

永泽诚

尽管私立高等教育研究掀起热潮，性别平等问题也日益受到关注，但性别在国际私立高等教育领域内的研究仍然非常罕见。就像社会阶级和种族问题一样，性别问题是当今世界主流社会热切关注的问题，日本也关注这种潮流。

根据最近的一项在 PROPHE① 的研究，日本私立大学占高校总数的比例为 86%，招生数为 77%。另一些研究表明，日本私立高等教育在学术水平提升方面紧跟公立大学。然而，要理解诸如性别那样的问题，我们不仅需要从私立和公立的维度来挖掘，还需要从私立高等教育各种类型间的巨大差异来研究。

一 四年制大学

日本所有的四年制大学都称为"大学"（日语称为"daigaku"），是日本最广为人知和最重要的高等教育形式，日本并没有"大学"（University）和"学院"（College）的区别。对这些学校的招生情况分析显示，近年来女性招生基本没有变化。女性入学人数虽有小幅增长，但至 2002 年，也仅占四年制大学招生人数的 38%。

尽管日本有相当数量的女子大学（这些大学具有不同的学术等级），但是这个数字仍非常小。的确，日本与其他一些亚洲国家在建立

---

① 列维教授创办的一个专门研究世界私立高等教育的机构。——译者注

女子大学方面堪称领先。女子大学约占日本四年制大学总数的12%，其中至少90%的女子大学是私立大学。女子大学许多方面与宗教大学一致。宗教基金会只允许设立在私立大学。只要符合政府的办学标准，宗教团体和个人举办私立大学都不受限制。而公立大学则总是面向世俗。

在私立大学整体上的招生不再增长时，女性的比例却在适度增长。这样，在日本长期以来存在的女性和私立高等教育的关系得到了加强。人们就有了对四年制大学的性别分层的双重思考：（1）知名私立大学中女性比男性人数少；（2）女性人数更多的私立大学通常不如公立大学出名。

二 研究生院

我们来看一下日本高等教育的另一个重要组成部分。研究生院在2002年招生总数中，女性人数仅占31%。女研究生在公立大学中占26%，在私立大学中占39%。据此可以得出两个结论：第一，不管公立还是私立大学，女研究生人数都明显不足；第二，公立大学女性人数尤其少。另一方面，女研究生人数在1998—2002年间有所增长，在公立大学中的人数几乎翻了一番。

在研究领域和课程水平（如研究生和博士课程）方面，研究生院显示了更大的性别差异（在高等教育各层次性别差异其实都存在）。学位越高（最高为博士），女性人数越少。在学科地位上，女性人数分布也是如此，学科地位越高，女性人数越少。例如，博士层面，工程学以男性为绝对主导（男性在公立大学中的比例为89%），而家政学则完全是女性。总体来说，学科领域反映的性别差异在博士层面比研究生层面更为突出，而这种性别差异在公立大学和私立大学中都长期存在。

三 大专院校

与四年制大学和研究生院相比较，两年制的大专院校显得名不见经传。与上述两类大学相比，私立大专院校对女性求学之路的大力帮助由来已久，这个传统沿袭至今。大专院校是私立大学的主要部分（大专院校数占全国私立院校的88%，招生数占全国私立院校招生数的91%），女性占整个私立大专院校招生数的89%。另外，在2005年统计的总计508所大专院校中，超过20%的大专院校为女子大学。当然，女性的专业选择依旧有着明显的性别倾向。例如，家政和教育一半为女生所选。因此，大专院校在三个方面显示了性别分层：女性集中在私立大学；非知名大学的女性招生比例高；学习领域较为集中。还需值得注意的是，大专院校的整体招生急剧下滑（从1998年的416825人下降到2002年的267086人）。

四　技术学院

技术学院在性别分层中也起到了重要作用。这种教育形式主要是为了响应日本工业化发展所产生的对技术人员的迫切需求。在技术学院中，女性人数非常少。技术学院由公立大学的分步控制，女性招生非常少（只有18%），而且在过去的五年间，女性招生人数进一步下降。而现有的日本技术学院的各学科领域以男性为主导，这说明技术学院及其做法对性别差异的加剧产生了至关重要的作用。

五　专门培训学院

专门培训学院因招生规模较大，成为有代表性的一种类型。与学术科目不同的是，他们提供职业培训和行业证书。就像大专院校，大多数专门培训学院的地位相对较低。他们大都是私立学校（占91%）。表面上看，这类学院在性别上是平等的，比如女性占招生人数的54%，但当我们将视野投到学科选择上时，就能够看出明显的性别差异。根据1997年的调查，选择教育和社会福利课程（占72%）以及选择服装制作和家政学（占84%）的女性人数大大超过选择男性主导领域（农业和工业）的人数。

总之，数据说明性别差异在公立、私立大学的各个层面都非常明显。女性过度集中于私立大学；在私立教育的各个层面，性别差异又在多种办学形式中凸显（四年制大学，研究生院、大专院校、技术学院、专门培训学院）；知名大学女性招收人数少。同时，在学科选择上性别差异更加突出。

（2005 年夏）

（胡建伟译，徐绪卿审校）

日本天主教高等教育面临的挑战

威廉·柯里·S. J.

日本天主教大学以及所有的高等教育机构，尤其是私立高等教育机构正经历着坎坷的一年。首先，经济持续萧条，普通家庭难以负担私立高校的高昂学费；其次，18周岁人口数量锐减。虽然目前的大学入学考试竞争非常激烈，但十年后，所有年满18岁且符合条件的青年都能进入大学学习。即使在现在，很多大学已经无法完成招生了。

重重困难背后隐藏着一个基本问题：大学是什么，大学应该做什么？我们应该重新思考这个问题。去年，大学改革蓝带委员会①呼吁彻底改变大学运作方式，这一举动在很大程度上动摇了现有的教育体制。此后，人们探寻大学教育的新方向，学术界内外对此争论不断。

在寻找大学教育新方向方面，天主教大学至少还有一些优势：它们有明确的教育目标、清晰的身份认同以及鲜明的办学理念。但经济和人口因素同样影响着天主教大学，未来几年将困难不断。

目前，日本有16所天主教大学，另外还有几所两年制专科学校。在校学生人数约为35600名，其中三分之一，即11600名学生，就读于索菲亚大学——一所位于东京的耶稣会大学。日本总共有98所国立大学、53所公立大学和425所私立大学。全国73%的学生就读于私立大学。这16所天主教大学和其他私立大学一样，在日本文部省的监管下，由一些教育机构创办和管理。宗教法令和主教教区不能直接干涉学校运行，他们只有通过教育机构才能影响学校的管理。宗教自由得到保障，

---

① 大学改革蓝带委员会（blue ribbon commission）是指由专家组成的群体，他们调查研究某些问题，往往不受政治或其他权威的影响。——译者注

但是，如何实施宗教教育却是大学自身的权利。

在此背景之下，日本主教们对 1990 年约翰·保罗二世颁布的《天主教大学规程》的回应主要是教义方面的，并未威胁到大学整体。日本天主教人数稀少，不到总人口的 0.5%，主教们以福音价值为基准，视天主教大学为改变日本社会的力量来源。主教与日本天主教大学校长协会的代表们合作，广泛向他们征求意见，对保罗教皇的《使徒宪典》作出回应，从中可见日本主教团与天主教大学关系融洽。

日本主教曾发布声明，对日本的天主教教育进行评价。主教认为，天主教曾被禁止传教达 250 年，自恢复传教的 130 年间，天主教教育在传教方面扮演了极其重要的角色。主教的声明还对天主教高等教育在当今日本社会所发挥的作用寄予厚望。声明解释了日本天主教大学的自主性本质，它们由教育机构建立和运营，独立而不受外界干涉。主教鼓励天主教大学利用它们的主动权和独立性，招聘雇用深明天主教教义的教职工，讲授有利于传播天主教价值观和世界观的课程。主教进而要求日本所有的私立大学都享有天主教大学那样的受法律保护的学术自由。

声明结尾指出了各方的责任，它们应该合作帮助天主教大学成长与发展，其中包括建立教育机构的教区、大学管理方、当地教区长、主教团和天主教大学协会。

声明还提到，神学家应该从合法的神职权威那里获得授权，但奇怪的是，在日本学术界这并没有成为争论的焦点。索菲亚大学和南山大学（位于名古屋的圣言会大学）拥有日本最大的神学教师团体，他们从罗马的天主教教育圣会处获得神职授权。

天主教教育圣会对日本主教的回应非常简略，只需要日本方面略作改动。至于大学校长是否需要宣誓忠诚，大部分托管人是否为天主教徒，这些方面均未提及。

《天主教大学规程》在日本没有像在其他国家，尤其是在美国，引起人们深层次的思考，促进富有成效的对话，这不能不说是一种遗憾。目前，日本的天主教大学正在处理更基本的问题，其中之一便是生存问题。

（1999 年秋）

（胡六月译，王一涛、徐绪卿审校）

韩国的私立高校

金承保、金善雄

在过去的五十多年间，韩国高等教育的发展速度惊人。1950 年，高校入学人数为 11358 人，52 年之后，即 2002 年，入学人数超过 350 万人，入学适龄人口中 40% 就读于四年制高校。即便是在全球高等教育大众化的今天，韩国高等教育的发展情况也相当令人瞩目。

在快速发展的过程中，私立高校在高等教育的发展中扮演着重要的角色，因为政府已将稀缺的资源集中用于快速发展的中小学教育。例如，到 2002 年 4 月，韩国有 159 所两年制专科学校和技术学校，其中 143 所为私立学校，学生人数超过 95%；在 163 所四年制高校中，137 所为私立高校；两百万在校生中，四分之三就读于私立高校。

一 依赖学费

韩国利用私立高校快速发展高等教育，这一举措面临众多结构性问题。首先，学费高昂，但教育总体质量不高。以社会科学指数（Social Science Index）来衡量，韩国高校的科研成果仅占美国的 4% 和日本的 15%。瑞士洛桑国际管理学院发布的报告显示，在 47 个国家的高等教育竞争力排名中，韩国名列第 28 名。年复一年，相当数量的韩国大中学生转向海外求学。

由于政府对私立高校经费支持有限，大部分私立高校主要依赖学费。2000 年，四年制私立高校 78% 的收入来自学费，甚至在国立大学中，学费也占到 33%。严重依赖学费的这一窘境给普通家庭尤其是低收入家庭带来了沉重的经济负担。因此，学费水平一直是高等教育争论的焦点。

二 利润动机

除了缺少政府补贴，捐赠不足也是高校依赖学费的另一大原因。大部分私立高校无法吸引到捐赠，显然是因为韩国高等教育历史较短；另外也是因为私立高校，即便法律上是非营利性的，在公众眼里还是营利性机构。为了鼓励私立高校为社会提供大量的高等教育服务，政府为家族办校留足空间。根据韩国目前的相关法律，董事会几乎可以完全控制学校的财务和人事工作，同时，三分之一的董事会成员合起来视为创始家族中的一名直系成员。（最近一项调查显示，83 所私立高校中，23 所高校权力正在或已经移交给创校者直系家庭成员）韩国法律对私立高校家族控制的规定，以及不要求私立高校对外披露学校的财务和学术信息的规定，使得创校者的不良行为有机可乘。

教职工和学生常常怀疑私立高校所有者违规转移资产。例如，高校所有者的名下可能有一家营利性的建筑公司，他便利用该公司建造学校设施。另外，私立大学的举办者也可能为个人目的使用房屋、车辆等学校财产。所有者隐藏的利润动机，诱使学校资金多用于硬件设施，而减少师资发展、科研和教学活动的投入，因为后者不容易侵占钱款。这类非法行为引起了很多争议。1997—2000 年，44 所学校陷入各种纠纷，占所调查的高校的 40%。

三 对市场导向的政策监管

1995 年之前，韩国政府不仅对高校的设立和运行进行严格的控制，而且严格控制每所高校每个院系的学生数量及招生录取方式。高校向政府证明其有能力提供合格的教育，然后政府定量分配招生指标和办学许可证。这些严格的措施导致大量的寻租活动，也使个人创办学校的空间日益减小。

1995 年，高等教育改革大幅度降低了政府的监管力度，建一所新的高校变得容易多了。首尔以外的地区，政府不再规定学生数量，于是，越来越多的私立高校成立起来，招生数量明显增长。近来，政府尝试刺激高校竞争，促进高等教育的多样化。高校若采取以市场为基础的竞争性政策，便可获得政府的拨款和补贴，这些竞争性政策包括引入教员试用期和任期评价机制、以绩效而非工作年限作为加薪标准、允许学生选择专业，等等。在韩国，竞争激烈的入学考试决定了大学的招生录取，因此，韩国的大学有一套完备的排名体系。竞争力强、排名靠前的大学自然有优势吸引到优秀的学生和教授，也能募集到更多的捐赠。因此，优秀的大学希望拥有更多的自主权，希望政府的管制能够进一步降低。而排名靠后的大学则希望能得到政府更多的保护，并获得更多的资助。在未来的二十几年中，预计大学生数量将减少，利益分歧将导致高校之间的政治矛盾加剧，一些高校不可避免地将会倒闭或被其他学校兼并。

　　韩国政府决定逐步取消严格的政府管制，进而采用以市场竞争为基础的政策。但是，这一转变并不会削弱政府在高等教育方面的作用，因为必须由政府来制定和执行游戏规则。韩国的高等教育非常依赖私立高校，因此，私立高校执行透明、公开的市场规则非常重要，这有助于评估这些政策是否加强了学校的责任，以及达到了预期的结果。

（2004 年秋）

（胡六月译，王一涛、徐绪卿审校）

韩国私立高等教育面临经济危机

李成浩

韩国四年制私立高校的数量已经超过了公立高校，它们招收了全韩3/4 的学生。不可否认，在过去半个世纪里，韩国私立高等教育机构为国家经济、社会和文化的发展作出了重要贡献。然而，今天很多私立高校面临诸如财政紧张、教育质量下降等严重问题。自 1997 年 12 月以来，经济危机和国际货币基金组织提供的赈济性借贷使这些问题雪上加霜。

从一开始，韩国私立高校财务收入就主要依赖于学生学费，目前学费收入占总收入的 63.2%，很多高校甚至高达 95%，首尔以外的地方私立高校更加举步维艰。在某些地方高校，超过 30% 的学生退学，转学至首尔地区的学校。

政府资助私立高校是几年前才开始的。1990 年，政府首次拨款资助四年制私立高校，占其教育总预算的 0.29%，1997 年，比例提高到0.76%，但是分配不均，54% 的资金投向 124 所私立高校中的前 10 所。在韩国，大部分私立高等教育机构没有营利性的企业，只有少数几所学校，如延世大学、汉阳大学，依靠房屋租赁和其他自营业务筹集资金。

私立高校的捐赠也未见成效。每所私立高校都竭力寻求外部捐赠，只有少数几所精英学校能够从自己的校友或一些大企业那里筹得一些资助。但是由于所谓的"国际货币基金危机"的影响，这些资助也大都搁浅了。还有一些私立学校虽然获得了众多国内外贷款，却由于韩元贬值和国内银行收取高额利率，反而加剧了资金矛盾。

总而言之，上述所有问题都使韩国私立高校陷入资金危机。目前，1/3 的私立高校已债台高筑，负债总额超过 1400 万美元。1998 年 3 月，位于首尔的一所大型综合性私立高校破产关闭，盛传其他几所学校也到了破产边缘。同年 7 月，政府行使其对大学办学的唯一权利，永久性地关闭了两所因资金不足和管理不善的四年制私立大学。

迫于压力，政府和私立大学正在考虑一切可能的对策，例如，政府以教育改革为名，以财政补贴为鼓励措施，敦促一些四年制大学院系进行合并；同时要求高校从结构、管理、课程方面形成自己的特色。除了重新调整内部管理体制，政府还鼓励一些综合性大学在主要的学科领域建立新的专业性研究生院，如医学、工程学、工商管理学、公共管理学、教育学和法学。此外，很多人建议扩大和加强现有的大学评价体系……该评价体系于 1983 年由韩国大学教育委员会参照美国的认证体系而创立。

上述解决方法的重要性不言而喻，因为这些对策对私立高校的生存影响重大。但是，新的问题随之而来。韩国政府一直声称支持私立高等教育的自主性，支持高校在采纳新的分级体系和建立新的专业学院方面所作的自主决策，但是，实际上，没有一所高校能违背政府的意愿，韩国私立高校长期以来一直对政府言听计从以保护自身，以免受到政府不公平的对待。这种假的自主政策延伸到高校管理的方方面面，如学费政策、教师聘用、招生入学、课程发展以及内部管理。而真正的私立高校改革需要真正的自主权。

私立高校改革的另一大障碍是私立高校和公立高校之间的矛盾，以及私立高校内部的矛盾。在韩国，公立高校完全由政府资助，而私立高校并非完全政府资助，其实二者并没有本质区别。两类高校都希望建立成为综合性的、百货大楼式的大型院校，而不考虑它们在地理位置、招收的学生类型、各自的资源以及一些更加重要的问题，比如自身的办学使命。现在每所高校都应该重新思考并重新定位，这是私立高校重新获得公众信任的必由之路。另外，私立高校应在学校的方方面面建立起更加有序的管理体系。

（1998 年秋）

（胡六月译，王一涛、徐绪卿审校）

马来西亚私立高等教育中的
国际联系

莫利·N. N. 李

在世界上的许多地区，由于人们对高等教育渴求的激增，使得政府和教育机构积极寻求其他的资金来源，发展更廉价、更具创新性的教育模式。私立高等教育的发展和高等教育的国际合作已经成为各国高等教育体制中的主流。马来西亚的私立高等教育从 1980 年以来发展迅速。受教育者希望接受廉价的、富有创新性的高等教育，为了满足这些诉求，马来西亚开展了多种形式的高等教育国际合作，这为世界其他国家提供了经验和启示。

一 国际合作的动因

马来西亚的私立大学一直以来并未获得授予学位的许可，20 世纪90 年代中期，许多私立大学刚刚成立之初，缺乏自我设计课程的能力，而教育市场对学位课程和专业课程的需求却十分强烈。于是，许多私立大学设法与国外大学建立正式的联系，提供从证书课程到研究生课程的各种类型的教育项目。

开展国际合作的动因可以从国际和本地大学两个方面来看。从国际来看，各国对高等教育的财政预算持续紧缩，如澳大利亚许多大学都热衷于输出自己的教育项目以获得利益。对本土的大学来说，国际合作意味着以最小的代价获得一种额外的新课程。这种合作同时也给本土的师资发展带来了机遇，使他们在新的领域有所建树。而且当某一项目受到欢迎时，也意味着项目的所有参与方都有利可图。

二 认证项目

在课程项目得到认可之后，本地大学或者以国外大学的名义，或者以国际财团的名义，或者以专业机构的名义来实施项目。课程、大纲、考试内容均由国外大学设置并且提供，本地大学只承担授课任务和组织考试。此类项目覆盖了从大学预科到研究生水平的所有课程。一项广受欢迎的海外预科课程是来自英国的 GCE① 的 A 级水平考试。私立大学提供了各种各样实用性强、以职业为目标导向的课程，比如，它们开设技术、贸易及工艺领域的课程。课程学习结束后能获得正式的证书、文凭，或是来自海外的教育机构如英国的商业技术教育委员会颁发的高级别文凭。另一种获得课程项目认可的方式是通过国外商务、贸易以及工业等领域的专业考试机构来操作的。这些考试机构并非教学单位，而是代表了特殊技能和行业的委员会。他们负责大纲设计和考试管理。马来西亚的私立大学提供这些专业和半专业的课程，同时帮助这些教育机构组织考试。其中一个国外专业考试机构的例子是英国特许注册会计师协会。伦敦大学提供的法学学士和工商管理硕士的海外学位课程，也属于此类国外合作项目。

三 伙伴项目

在合作的学位课程中，马来西亚本地大学直接和国外大学结成联盟，共同设置课程、确定课程标准并测试学生。通常，国外大学会实行现场监督以确保教学质量。在这种结盟关系中，本地大学支付给国外大学一定的加盟费和管理经费。合作伙伴条约确保交换生能够去国外大学学习。这种安排能使部分海外课程在本地大学完成，合格的学生也能够去国外大学完成课程的最终部分。自从 1997 年亚洲金融危机以来，马来西亚政府批准私立大学可以开设更多的课程，学生因而能在马来西亚

---

① GCE 全称 General Certificate of Education，指通用教育证书，是一种英国在海外推广的考试制度，一般一年两次。——译者注

完成全部三年的学位课程，而无须前往合作的国外大学学习。学生能以较少的费用获得国外的学位，因此合作伙伴项目极受欢迎。伙伴项目覆盖面广，有商务、工程、计算机、法律、科学、艺术、医学、医药等领域，与国外合作的大学主要来自澳大利亚、新西兰、英国、加拿大及美国。

四　学分转移

学分转移课程能够帮助学生累计学分，获得学位。在这种合作项目中，学生可以在本地大学积累学分，这部分学分可转移到国外合作大学，以完成后续的学位课程。一般说来，想去海外学习的学生通过在本地大学获得足够的学分，方可申请就读海外大学。学分转移课程给予学生充分的灵活性，学生能够在众多大学和课程中作出选择，此类项目已受到希望去美国学习的学生的欢迎。

五　国外分校

除了这三类合作项目，其他形式的国际合作在马来西亚的私立高等教育中也起着举足轻重的作用。其中一种是远程教育。许多研究生课程，尤其是国外大学提供的 MBA 课程，以远程学习的模式输出。另一种形式是国外大学在马来西亚国土上建立分校。目前，已有四个国外分校，第一所便是马来西亚莫那什大学。马来西亚的国际合作并非仅限于西方国家，来自印度的高等教育和培训学校，如马尼帕尔医科大学，通过与本地合作，也在马来西亚建立了私立学院。

六　结论

高等教育的国际合作并非马来西亚所独有。事实上，马来西亚的个案研究表明，跨境教育的多种教育形式在其他国家同样能找到。在迅速发展的全球化的教育及人力资源市场中，高等教育和培训不再限制在一国境内。通过创新的和策略性的合作伙伴关系，教育课程漂洋过海来到境内，通过高度发达的信息通信技术，远程学习电子化与面对面的教学并存。在这个崭新的无疆界的教育领域，学生和教师能在各国之间游走流动。

（2003 年冬）

（胡建伟译，王一涛、徐绪卿审校）

巴基斯坦私立高等教育需要秩序

詹姆士·科夫曼

1947 年，巴基斯坦建国之初，境内只有一所大学——旁遮普大学（the University of Punjab），此后 50 年内，高校发展的速度无法满足不断增长的高等教育入学人数。今天，巴基斯坦有 28 所公立和私立高校，100 多所技术学院、师范学院、"附属学院"或"子学院"等各类专业性学校。20 世纪 80 年代，齐亚哈克统治时期，巴基斯坦颁布政策，用乌尔都语取代英语，但是在高等教育领域，英语仍然是主要的语言。

早在 70 年代初，在佐勒菲卡尔·阿里·布托统治时期，教育国有化有效地终止了私立教育在巴基斯坦的历史，高校的拨款额度由各省自行分配。1979 年，联邦政府控制高校所有拨款项目，保证中央全面管理国家高校体系。目前，67% 的公立高校收入来自于联邦政府拨款，高校教师和管理层由教育部任命，此举剥夺了高校的自主权。80 年代中期，国家允许私立高校依照一定标准继续运营。

巴基斯坦一直严格控制高等教育的财政权和管理权。但是由于政治动荡不安，经济萎靡不振，历届政府难以贯彻执行。目无法纪、腐败、裙带关系和激烈的派别之争都成为巴基斯坦高等教育的一部分。

巴基斯坦政府没有真正重视过教育，也没有义务教育这个概念，和其他贫穷的南亚邻国相比，教育占国家预算支出的比例很小。经济不景气使教育发展雪上加霜，公立高等教育资金严重不足，不仅无法足额发放教师工资、购买图书和最基本的物资，甚至无钱维护破旧不堪的体育设施。教师和学生积极性不高，科研几乎没有，课程表无人遵守，校历经常因为各种政治和行政斗争随意更改。公立高等教育完全一团糟，这是巴基斯坦人的共识。

尽管如此，由于接受高等教育回报率高，高校每年报考人数仍然急剧增长。公立高等教育无法满足日益增长的需求，国家颁布刺激私立教育发展的政策，默许私立高等教育在一定监管之下发展。近来，6 所新成立的私立大学获得教育部认证，还有 6 所正在考察当中。比较有名的如阿卡汉大学（Aga Khan Univeristy）、位于卡拉奇的汉姆代德大学（Hamdard University）、拉合尔管理科学大学。这些学校教学水平高，设备一流，但学费高昂，很少有家庭能负担得起。很多私立学校的招生没有经过官方部门的认可，即使法律允许，也是于情不容。目前，私立高校招生无人监管，它们随心所欲，肆无忌惮。在巴基斯坦，腐败、走私、假冒伪劣、商标侵权都是市场的法则。

巴基斯坦人相信，美国高等教育优于其他国家的教育。经济条件好的学生愿意去美国留学，差一点的便在当地接受美国式的教育。上层阶级不满公立高等教育现状，宁愿每年花 500—3000 美元选择当地的美国学校。各类五花八门的私立院校开始兴起。有的号称是经过认证的美国大学的分校，发展完善；有的称自己是美国大学的附属学校，颁发美国大学的学位。大部分学校强调经过"海外培训"的教师是教育质量的保证，其实这只是蒙蔽世人的说法而已。

巴基斯坦民众无法验证这些说法，大都以为美国大学值得信赖，"美国学位"在世界各地都能获得承认，并帮助他们进一步深造。一些当地学校与得到认可的美方学校合作，这些美国学校出售其名字和学位，获得相当不错的收益。还有一些学校只是几个投资人聚在一起创办的，他们在犹他、爱荷华、夏威夷等地取得商业许可证，再冠以某某大学的名字，便在巴基斯坦开办海外分校。更有甚者租借一些设备，编一个听起来美国化的但其实根本不存在的大学，谎称是其附属学校。如果法院质疑这些学校的合法性，它们便声称自己是"美国的大学"，无须遵守巴基斯坦的法规。

假冒大学和文凭工厂已经是全世界普遍存在的问题，但是在巴基斯坦尤为严重。大学教育资助委员会（UGC）认为，这些学校已经严重威胁到高等教育。这些问题学校的毕业生逐年增加，他们为获得公职，要求官方认可其学位，使大学教育资助委员会压力倍增。

私立高等教育的发展也有积极的一面。私立高校普遍薪水高，优秀的私立高校拥有一流的图书馆和先进的研究设备，能满足公众对商业和技术的现代实用培训的需求，它们自由地传授创新性课程，不必局限于官方规定的过时的专业。私立高校远离政治斗争，保持浓厚的学习氛围，增加了吸引力。在此影响之下，公立高校开始重新考虑如何满足学生和市场的需求。伊斯兰堡真纳大学（Quaid-i-Azam University）是巴基斯坦一流的公立高校，它一方面按照学生成绩招生，为大部分学生免除学费；另一方面留出一定名额给全额自费的工商管理硕士生（每年学费超过 1200 美元）以增加收入。公立高校将投入更大的精力提高水平，增强专业竞争力。另一所公立高校国际伊斯兰大学也有类似措施。这些措施将进一步引进到全国其他公立高校。

像巴基斯坦这类国家，既无法提供并管理适当的社会服务，也无法监督市场运行，私立高等教育的兴起必定是把双刃剑。具有营利性质的无政府的私立高等教育会受到法律约束吗？会被市场淘汰吗？会刺激更优质的公立高校改革并且代替这些私立高校吗？大多数巴基斯坦人对公立高等教育幻想破灭，寻求更好的教育，但是又把优质学校看作是财富特权。现有的私立教育会加重他们的失望情绪吗？巴基斯坦私立高等教育的发展需依赖一个强大的政府去维护社会、经济和政治秩序。

（1997 年秋）

（胡六月译，徐绪卿审校）

菲律宾学生基本法引发私立高等教育抗议异议

安德鲁·冈萨雷斯

　　1997 年年底，菲律宾的一些私立院校因静默抗议一天而遭强行关闭。同年 10 月 12 日，国会批准"菲律宾学生基本法"（众议院法案第 9935 号）之后，菲律宾私立教育学会协调委员会（CCPEA）——各种类型的大学和私立大学的国内联盟，公开表示担忧新法案中的一些条款，呼吁私立高校采取行动。全国近千所私立高校的管理者担忧该学生基本法会伤害他们的管理能力，危及学校的生存。

　　私立院校的管理者特别反对法案中的某些条款，比如学生会负责人可以凭职务参加校董会；学生可以参加学费委员会，该委员会可以否决校董会的决议；通过全体投票，学生有权推翻不受欢迎的管理政策。其中反对声最高的条款是学生可以参加教师聘用和晋升委员会。

　　菲律宾当前人口 6800 万人，2000 年将达到 7000 万人，2020 年超过 1 亿人。仅靠公立院校，菲律宾则无法圆满地完成高等教育的重任。现在将近 1800 万学生就读于各类高校，如两年制学院、四年制大学、综合性大学以及技术学院等。菲律宾共有 350 家公立高校，950 家私立高校。私立高校招收 79% 的学生，而公立高校只招收 21% 的学生。

　　除了排名第一的公立高等学府菲律宾大学，其他大部分公立学校因资源有限，教学质量令人担忧，因此，菲律宾的优秀学府多为私立高校。人们对私立高校寄予厚望，希望其推动菲律宾高等教育的发展和进步。

　　众议院这个法案已演变为一起政治事件，因为支持者希望 1998 年全国大选能赢得学生的支持，学生是年轻选民的主力军。根据菲律宾宪法的规定，公民年满 18 周岁就拥有选举权，菲律宾 2/3 的人口为 25 周岁及 25 周岁以下的人口，因此，赢得年轻选民的支持即能赢得选举的最终胜利。

近来，罗慕斯总统，以及众议院议长——也是总统候选人——何塞·德贝内西亚，与立法者、学生和学校管理方召开了一系列会议，努力消除彼此的差异，对法案有异议的条款互相达成妥协。

这也反映了菲律宾高等教育目前的困境：学术生活内部管理的政治化、学生与教师的差别模糊化、公众对私立高校的情绪矛盾化。人们对私立高校又爱又恨，因为作为教育机构，它们营利目的强，学术研究少，甚至不做任何研究。

（1998 年冬）

（胡六月译，王一涛、徐绪卿审校）

泰国私立高等教育的多样化

普拉查亚尼·帕朴哈芒特里蓬

多样化是全球私立高等教育发展的特点，也是很多国家的必由之路，泰国也是如此。泰国私立高等教育机构自 1969 年正式出现以来经历了多样化的发展。

相关文献表明，高校多样化一般是指私立高等教育在任务、客户群、控制源、规模和资源等方面的差异。即便公立高校在招生数量上占优势，私立高校也能从中分得一杯羹。的确，私立高校区别于普通公立高校的地方在于它能满足特定人群的需要。泰国私立高等教育为就业市场提供劳动力，成为重要产业，这便是一个明证。但是由于政府政策偏差，高校多样化发展也许只是个假象，多样化只是私立资金来源的多样化而非学术的多样化。除了政府政策，私立高校由于地位和市场竞争力较弱，往往多模仿、少创新。因此，多样化和单一化孰轻孰重是个复杂的问题。但无论如何，多样化是显著特点，值得我们探索。

泰国私立高校的发展可用丹尼尔·列维 1986 年提出的三大发展类型来分析——第一类天主教大学、第二类精英大学、第三类需求导向型大学。此外，还有一种调整后的混合型大学，这种混合型大学融合了上述两种甚至三种大学的特征。根据 2003 年收集的信息，泰国目前 54 所私立高校可以从任务、规模、专业、教师资质和社会经济客户群五个方面进行分析。

首先，泰国私立高校的发展与很多国家相似，与国际文献的描述也基本一致。目前泰国有 8 所宗教院校，其中 7 所基督教学校，一所伊斯兰教学校。这些学校与其他学校不同，其基本任务在于研究神学和哲学，提供宗教服务，有些学校还坚持着早期传播西方医学的办学目标，特别重视护理学。大部分宗教学校的主要管理者由神职人员担任，个别学校教师全部为神职人员。泰国以佛教徒居多，一些国际文献提到的少数宗教或少数民族发展自己学校的模式，恰好反映了泰国的现状。

除了美国，很多国家都缺少精英性的私立大学。泰国也是如此，目前仅有四所私立精英学校，其中三所是非宗教学校。这些学校的出现与商务精英群体对专业化高级培训的需求有关。与其他私立学校相比，这些学校历史悠久，在商业界声誉良好，拉美和其他地方也有此类学校。"精英"并不是指大范围的优秀教育，而是满足特殊人群的需要。泰国私立高校的不同之处在于客户群社会经济地位高，师资水平高，所提供的专业满足就业市场且学术水平高。说到入学，"精英"往往意味着控制入学人数，泰国私立精英大学规模较大，每所学校的入学人数占到私立学校总入学人数的10%，而在亚洲或世界其他地方，私立精英学校入学总人数若占私立学校入学人数40%，已经算是份额巨大了。

泰国大部分私立高校属于需求导向型大学，这是全球范围内正在兴起的一种模式。需求导向型大学为适应大众对高等教育的过度需求，往往重数量而轻质量。过去十年间，此类学校蓬勃发展。泰国的三所私立高校占私立高校入学总人数的很小一部分，但是却占需求导向型大学入学人数的三分之一。需求导向型大学可以进一步分为两种类型：第一类学校效仿公立或私立精英大学，提供相应的专业；第二类学校在有限的特定领域着眼于专业化的培训。这两类学校一般师生比例较高，有些学校甚至没有博士学位的教师。

尽管私立高校可分为以上三种类型，但一些学校实际上属于混合型，融合了宗教、需求导向和精英这三种类型，毕竟分类只是用于分析概念和指导实证研究，理解研究结果，有助于国际比较。

泰国私立高校不断发展，对客户群的竞争是保持稳定的关键。一些宗教型大学开始向需求导向型学校看齐，重新制定教学任务，增加满足市场需求的专业。同样的，精英型大学在为社会经济地位较高的客户群保留精英教育和研究的同时，扩大规模和专业，逐渐满足市场需求。全球主要大学日益市场化，这是大势所趋，泰国的现状从某种程度上反映了这种趋势。

以上三类私立高校差别日益缩小。除了市场的因素，政府强制性的约束措施也不容小觑，因为私立高校都要遵守相同的规章制度。此外，还有一种非强制的模仿性选择，即多米诺效应。例如，私立精英高校故意模仿公立精英高校的功能，吸引同类客户群，获取社会认可，或者以需求为导向的高校模仿知名的私立精英高校。

　　泰国三种私立高校的多样化选择与全球模式相吻合，值得人们关注，但是三种高校互相融合，其界线也日益模糊。

（2005 年夏）

（胡六月译，徐绪卿审校）

　　普拉查亚尼·帕朴哈芒特里蓬（Prachayani Praphamontripong）奥尔巴尼大学博士生，"私立高等教育研究"（PROPHE）项目博士后

泰国经济危机抑制了公立及私立
高等教育的发展

爱德华·瓦格

经过三十多年的争论，到 2002 年，泰国公立高校终于同意私有化。此次改革的动力是减少政府财政支持。过去一年间，国家预算裁减了两三成，国立大学的预算费用也随之普遍降低。预算减少不仅影响到高校开支成本，也影响了教师研究和进一步深造，公立大学需要节衣缩食，比如减少纸张、电话、水电等开支，禁止购买进口设备，不再支持教师参加海外会议，在曼谷或内地校园不再召开学术会议。

除了缩减开支，高校今年不再为教师加薪。外籍教师的合同到期，高校不再另聘其他外教，现有教师退休，高校也未必会填充新的师资。年轻教师也难以幸免，若无进一步通知，学校将停止发放年轻老师海外留学的经费，已经获得留学奖学金的教师被暂停资助或者鼓励其回国深造。1998 年 3 月，泰国总理川立派访问华盛顿时，美国总统克林顿许诺为留美泰国学生提供奖学金，这是近来唯一一线希望的曙光。学校紧缩开支的政策再加上未来职业前途渺茫，这让公立高校的很多教师开始感到泄气。

但是，令人讽刺的是，一方面公立高校经费捉襟见肘；另一方面高校事务部出台新政策，要求高校多录取 20% 的考生，而这些考生在国家年度大学入学考试中考分虽高，但并未达到录取分数线，这项政策的目的是使这部分取得高分但没有被录用的考生不会纳入失业人数中。最近，著名的普密蓬国王科技大学校长宣布，经费削减已经影响到现有的教学质量了，该校无法遵守这一名额配比。

对私立高校而言，经济危机最显著的影响是入学人数大幅度减少。

据报道，私立高校入学率减少了约30%—40%。因为家庭收入减少，很多学生只能转向学费较低的公立大学。由于生源不足，私立高校为保持收支平衡，只能动用备用资金或者裁减教师。在校生更加依赖于奖学金和补助金，或者申请延期支付学费。然而，私立高校入学人数是否会持续大幅度下降，现在下定论还为时过早。

经济危机以前，泰国19万考生中只有3万名学生最终能考进大学，剩下的16万学生中，经济条件好的转向海外留学。由于财政紧缩，去年很多学生从海外回国，当地私立高校放宽入学要求，帮助他们继续完成学业。例如，只要学生能提供留学时学业优秀的证明，易三仓大学允许学生只需通过一系列的分级测试，不必参加常规的入学考试。有的学生即使被迫回国，还差几个月才能获得中学文凭，也能继续深造。到1998年5月，约有300名学生从澳大利亚、加拿大、英国、新西兰、美国回国，考入易三仓大学。

一般来说，私立高校采取与公立高校类似的措施，控制运营成本和教工工资，但是，易三仓大学校长 P. M. 科莫玛斯坚持常规的奖励措施，学校每年增加教师工资，资助他们参加海外会议，并且为教师深造提供奖学金。尽管目前高校困难重重，科莫玛斯认为这是改善教师精神面貌的关键。

私立高校相互合作，共同应对危机。易三仓大学主管学术事务的副校长及泰国私立高等教育机构协会学术事务主席班猜报告说，为了节省开支，协会为纸张之类的供应制订了联合购买计划。此外，协会联合一些私立高校的资源，共同完善工商管理博士培养计划，以避免海外教育费用超额。

由于现金流问题，公立大学和私立大学均停止或放缓新校区项目。位于市区21公里以外的易三仓大学邦纳新校区便是典型例子。该项目五年前启动，最初投资20亿泰铢，目前估计需要50亿甚至100亿泰铢，一些建筑项目还未开工便要延期，易三仓大学只能办理巨额贷款完成大规模的新校区建设，然而，该校仍按原计划打算在2000年启用新校区。

经济危机使公立高校入学人数增加，私立高校入学人数减少。除此之外，对这两种大学的影响到底有何区别，现在还无法判断。在私立大学中，那些历史悠久、信誉良好的学校往往能幸存下来，反之只能关门大吉了。

在《国际高等教育》春季刊中，阿他基（Rie Atagi）认为当前泰国的经济危机以及国际货币基金组织恢复经济的条件使21世纪高等教育改革发生了翻天覆地的变化。作者指出，国立高校预算减少意味着私有化帮助公立高校摆脱政府"对财务和行政官僚化的限制"，获得真正自由。作者同时建议，公立高校也能提高质量，对公众更加负责。

我对这项改革提议并未抱乐观的态度。即使在经济危机爆发之前，泰国6000万人口中70%的人无法负担大学教育，当前，仅有14%的人口能进入高校深造。教育私有化不可避免地会提高学费支出，这将进一步降低高校入学率。

泰国国立大学校长们坚持将政府奖学金和贫困生低息贷款作为私有化的条件之一，此举值得赞赏。但是，正如泰国蓝康恒大学（Ramkham-heang University）泰拉博士所言，学生即使得到贷款，在当前经济环境下也无力偿还。

很多私立高校在创办之初抱有利他的动机，这使它们坚持为贫困的优等生慷慨地提供奖学金，但是，很多时候它们无法跟国家的资助相匹敌。私立高校的善举永远无法完全替代国家对下一代所承担的责任，而私有化会削弱国家的责任。

诚然，政府目前需要放弃某些国有企业以摆脱经济危机，但是它们不应将高校随意地列入放弃名单之中。一旦如此，便是弃国家整体发展利益于不顾，公立高校的私有化就会成为一项急功近利的措施。如果国立高校启动私有化仅仅是为了经济收益或者偿还国际货币基金组织的贷款，如果它们不是为全体泰国国民服务，那么教育质量和公正都无从谈起。

（1998年夏）

（胡六月译，徐绪卿审校）

越南的非公立高等教育

黎玉明、马克·阿什维尔

目前，越南人口超过 8000 万人，其中 65% 是年龄小于 30 岁的年轻人。越南未来的希望和潜力在于 1975 年以后出生的年轻一代。2003 年初，政府颁布计划生育法令，不再限制夫妇生育孩子的数量。尽管出生率一直稳定地维持在年均 2% 的增长水平，但是在可预见的未来，政策的变化必然会提高人口出生率。越南成功地普及了小学教育，并打算在未来 20 年进一步普及初中教育。同时，民众对高中教育需求不断增长，这为已经超负荷运转的高等教育体系增加了额外的负担。

一 非公立高等教育的概况

长达半个世纪的战争给越南带来了整整十年的贫困和饥饿，由美国发起的贸易禁令和政府错误的决策又使国家雪上加霜。1986 年，政府采取名为"革新"的大范围经济改革，计划经济时代完全禁止的私营经济逐渐发展起来。经济改革的精神很快波及大学，用来满足民众对大学教育日益增长的需求。从 1991 年到 2002 年，越南高校在校生数量由 19 万猛增至近 100 万，每年有 20 万新生加入这支队伍，年增长率为 7%，其中的 12%，约 24500 名学生就读于非公立学校。

第一所非公立高校升龙大学（Thang Long University）成立于 1989 年，它是由知识分子群体发起的一次尝试性的创举。到 2003 年，越南共有 23 所非公立高校，其中 16 所社会举办性质的大学，1 所半公立大学，2 所社会举办性质的学院和 4 所半公立学院。

在越南，非公立高校有两种形式：半公立学校和社会举办性质的学校，前者的所有权和经营权由国家和各级政府所有，而后者由非政府组织或私立协会所有，这些私立协会包括工会、合作社、青年组织和妇女组织。由私人创办和经营的第三类非公立学校即将出现。

第一所也是唯一一所由外资创办的大学成立于2003年秋季。这所位于胡志明市的学校由皇家墨尔本理工大学（澳大利亚）创建。该校设有计算机科学、信息技术和多媒体、软件工程、商务等本科专业，领导和管理、大学教育、工商管理等研究生专业。位于西贡的新校区投资1550万美元，投资方包括亚洲开发银行、国际金融公司、皇家墨尔本理工大学和其他捐助者，校区建成后，预计能容纳3000名学生。

非公立高校是提高高等教育入学率的有效途径。在越南，私立高校数量超过20%，在校生占总人数的十分之一，提供英语、商务、管理、计算机科学、技术等专业。非公立学校的学生大都家境优越，学校的入学要求（即三门考试科目的总分）比公立大学低，一般而言，入学分数只有公立大学的一半。

二　当前问题、挑战和建议

2001年6月，联合国教科文组织亚太地区教育局在曼谷组织召开第二届私立高等教育地区研讨会，会议指出了越南社会性高等教育面临的问题，例如缺乏长期战略性规划、管理上洞察力不足、缺乏详细具体的政策而且发布不够及时。

目前，越南尚且缺乏完备的基础法律框架，无法界定非公立学校与教育培训部的关系。自1993年第一所非公立大学正式成立以来，教育培训部只颁布过一部有关社会性学校的法规。2002年12月，教育培训部会议讨论《半公立和私立学校地区法规（第五稿）》，法规中一些章节和条款自相矛盾，比如使命和所有权等。与会者认为，法规所规定的高等教育在越南尚未出现，过早详细地讨论法规是本末倒置。

缺乏管理框架和认证体系势必影响公众对非公立教育的信心。一些非公立院校的管理者滥用职权，随意支配学费。例如，1995年与河内外语大学合作成立的台湾亚洲国际大学（AIU）最后成为一场骗局。国际大学与河内外语大学合作五年之后亏空学费，2000多名学生及其家庭损失成千上万美元，无处追讨，教育培训部副部长武玉海因此被免职。再如，东都大学招生量扩大一倍，超出其能力范围。

因此，非公立高等教育机构迫切需要接受例行审计，并且提交透明的年度财务报告。此外，公立和非公立高等教育机构对于政府拨款应该展开良性竞争。我们应鼓励公立高校开展企业性活动增加收入。非公立高校为国家减轻负担，也不能对它们不管不顾。

考虑到目前非公立高等教育状况不佳，政府应该建立特别工作组，借鉴其他国家的相关经验。日本、韩国、菲律宾和印度尼西亚私立教育历史悠久，中国在某些方面是越南的榜样，最近，它通过了一项私立高等教育法，这可以当作有益的参考。越南不必召开那么多的会议，热火朝天地讨论一些并无益处的临时法规，而是应该采取务实主动的态度，学习其他国家的经验和教训，这是比较教育的优良传统。

（2004 年夏）

（胡六月译，徐绪卿审校）

第四编

欧 洲

中东欧私立高等教育的扩张与发展

汉斯·C. 杰塞克

自从东欧解体以来，私立高等教育在一些中东欧国家迅速扩大。1990—1997 年，捷克共和国、匈牙利、波兰和罗马尼亚的私立高等教育年平均增长近 60%。这些国家的私立高等教育总体招生从 1990 年不到 12000 名学生发展到了 1997 年秋季超过 32 万名学生。

私立高等教育在中东欧的快速增长发出了一个清楚的讯号，反映了国家管理的公立高等教育所面临的困境，也反映了学生长久以来所受到极大压抑的高等教育需求。私立大学招生数的显著增长说明前东欧国家的大学入学率相对较低，也说明民众日渐认识到，市场导向的教育和培训对于提升个人在新的经济环境中的竞争力是必不可少的。

表 1   **1996—1997 年中东欧高等教育招生数据**

	总人口	人口增长率（年百分比）	接受中学后教育的人口百分比（男/女）	国立高等教育招生数	获准的私立大学招生数	私立教育的市场份额百分比
捷克共和国	10321000	0.27	8.2/4.0	139774	700	0.5
匈牙利	10480000	-0.15	9.3/5.0	165000	26650	13.9
波兰	39010000	0.29	7.2/4.4	645000	209000	24.5
罗马尼亚	23690000	0.26	6.7/4.6	235000	85000	26.6
四国合计	83501000	—	—	1184774	321350	21.3
四国平均	20875250	0.17	7.85/4.5	296194	80338	21.3
美国合计	268200000	1.03	36.9/28.0	11092374	3169407	22.2

资料来源：《教育指标：国际视野》（华盛顿：美国教育部，1996）；马克·拉扎《东欧和中欧高等教育指南》（纽约：国际教育学院——东中欧地区部，1996）；汉斯·C. 杰塞克《东中欧私立大学调查（一项捷克共和国、匈牙利和波兰的 101 所私立大学的调查）》（华盛顿：国家独立学院和大学协会，1997）；《ASG：欧洲数据库》，http：//www. asg. physik. uni-erlangen. de/eoropa/indexeng. html。

　　所以，不足为奇，该地区私立高等教育迅速增长，同时它所授予的学位一般都属于市场需求旺盛的学科，如商务管理、计算机科学（信息学）以及教育类（外语教学）。可以看出，该地区私立高等教育重点明确，就业市场的针对性强，课程强调及时性和实用性。许多新兴私立大学的领导者认为，这些学科领域在很大程度上依然被国立大学所忽视。

　　虽然硕士学位在中东欧国家依然被认为是重要的高等教育学位，但是它却渐渐失去了昔日的卓越地位。而另两类较低端的学位，虽然在该地区相对来说还是新鲜事物，但却已经崭露头角。第一类学位是所谓的从业证书，这是一种注重实际应用的三年制专业学位，从业证书主要颁发给商务、管理和理工科的学生。中东欧地区的第二种新学位证书是会考证书（baccalaureate），这是四年制的学位证书，颁发这种证书的学科领域包括经济学、人文学科和教育学，理工科的某些专业也颁发这种学位。虽然四年制的学位证书在北美是高等教育主流，但在中东欧的许多国家，这种四年制的学位证书还是一个比较新鲜的事物。从某种意义上说，这两种新学位类型的增长与新建私立大学所遭遇的歧视有关，私立大学很难获得颁发硕士学位证书的资格，于是，许多新办的私立大学就把目光转向了从业证书和会考证书。

　　至于教育质量监控，毫无疑问，由同行认证机构实施的真正自愿的认证尚未在中东欧国家形成气候。除罗马尼亚之外，认证过程还没有成为这个地区高等教育文化的内在组成部分。其中关键性的因素是这些国家认证机构的领导是执政党所委派的，执政党所执行的教育政策也是通过这些认证过程来实施的。近期内，私立大学主要的目标是达到教育部所制定的各项规定，可能没有太多精力来考虑认证的问题。

　　经费预算方面，很显然，由于教学运行费用基本依赖学费，许多新建私立大学未来的生存很大程度上取决于适龄人口以及适龄人口对高等教育的需求。这使它们的办学在今后几年中极易受冲击。假如当前私立高校的主打专业——管理类专业——突然不再受到公众的欢迎，那么，私立大学总招生数的近50%就会消失殆尽。

　　按照美国的标准，中东欧国家私立大学的收费是十分低廉的。① 然

① 捷克共和国、匈牙利和波兰的私立大学1997—1998学年年平均学费为1406美元。

而，各国私立高校平均每学期的学费占人均收入的比重是较高的。当前关键性的问题是学生无法获得国家贷款和资助体系的帮助。一种较新的学生贷款机制已经在波兰运行，匈牙利也在酝酿国家助学贷款体系，但这些国家中贷款资助体制的建立并不能真正解释过去7年间私立高校招生数急剧增长的原因。为了支付就读私立大学的费用，学生们正积极通过各种渠道筹募费用，为自己的未来投资。

根据1997年秋的调查数据，私立大学的招生在如下三类院校中增长较快：综合性大学，提供三年制或四年制学位课程的专业院校，提供教师培训的普通院校。各国不同大学的发展速度有所差异。

调查数据显示，许多新建的私立大学运行困难，在许多西方高等教育专家看来，这些私立大学的办学质量是非常糟糕的。对波兰和匈牙利的69所大学所进行的调查显示，超过2/3的大学可持续发展能力很低，并且合法性不够。研究结果认为，中东欧地区绝大多数的私立大学在面对变幻莫测的市场和政策时，其应对能力是非常脆弱的，一旦形势不利，办学便可能难以为继。

尽管处于这样的劣势，中东欧地区的私立高等教育仍具备自身的优势，这种优势就是开拓精神，开拓精神使这些大学发展到今天的规模，而这是人们在10年之前无法想象的。这些私立大学在课程设计和课程规划等方面的创新就是开拓精神的明证。显然，中东欧国家私立大学的兴起必然打破自二战以来由政府设定的高等教育固有模式，从而创造出一种更加开放的教育模式，让学生拥有更大的选择余地。

目前很多私立高校正在努力提高可持续发展能力，获得合法地位，改变自身教育质量低下的形象，这在很多文献和报道中都有披露。新建私立大学的教学质量已成为敏感话题。我们在研究中意外地发现，大多数国立大学的从教人员与私立大学的从教人员是同一拨人——他们白天在国立大学工作，晚上则在私立大学上课。

由于私立大学的学生多数是国立大学拒绝招收的学生，所以，一些分析家认为国立大学和私立大学主要的不同在于生源质量水平的不同。在一些人的眼中，大多数私立大学学生的水平不高，因此不能被传统的国立大学录取。

尽管如此，中东欧国家的高校在满足人们对高等教育的需求方面还远远不够。自从私立高校进入高等教育领域以来，它在高等教育领域中已经产生了深远的影响，对高等教育的课程设计和课程传授的方式也将产生巨大的影响。

中东欧国家的私立高等教育之所以成功，一个关键的因素是，当前和未来的学生都有投资未来的意愿，他们愿意为自己的未来付出高额的学费。中东欧国家的私立高等教育发展趋势表明，学生希望接受基于市场需求的职业技能教育，用短期的较大的经济付出来换得长远的利益回报。在20世纪的大部分时间中，教育投资的理念在北美已被广泛接受，但是这种理念只有在过去的几年中才被中东欧地区的人们所接受。以短期的个人牺牲来换得长久的利益回报已经成为这些国家教育文化的一部分，这种理念是否深入人心将会影响到有多少私立大学能兴旺，有多少会消亡。

另一个关乎私立高等教育长久生存的因素是私立大学与其创办者的性格特点密切相关。多数私立大学是一两个创办人的视野和能力的产物。然而，当这些奠基人决定谋求另外的事业，或者想退出私立大学的领导岗位时，这些私立大学将何去何从呢？这显然是个大问题。

总之，中东欧新建私立大学所面临的问题和担忧与北美及世界其他地区的许多私立大学所面临的问题极其相似。各国各地区私立大学的不同主要在于政治、社会、文化和经济环境的差异。的确，中东欧地区的私立大学在等级性方面比北美私立大学更严格，排名靠前的大学往往拒绝改变。当一般的私立大学每日为生存和合法性斗争之时，那些尚处于起步阶段的大学面对市场和政策的变化，就更加岌岌可危。这些新建的私立大学在发展初期接受挑战的能力，决定了该地的私立高校是成为该地区高等教育的先导，还是仅仅成为欧洲高等教育发展史中一个微小脚注而已。

（1999年夏）

（胡建伟译，徐绪卿审校）

中欧和东欧私立高等教育的合法性

丹尼尔·C. 列维

过去 15 年来，中欧和东欧的一些国家一直为私立高等教育的合法性而斗争。虽然许多有争议性的问题也是全球性的问题，但在这些国家却显得特别突出。

一　迟到的发展

在 1989 年之前，除了少数宗教性质的大学具备私立特征之外，中欧和东欧地区缺少私立高等教育，这使该地区显得与众不同。在当时，许多亚洲国家和大部分拉美国家在私立高等教育的发展中已经走得很远。中欧和东欧地区另外一个与众不同的地方是，私立高等教育的发展是由相同的事件促成的（指 1989 年东欧剧变。——译者注）。在短短几年时间内，大部分中欧和东欧国家的私立高等教育迅速扩大，罗马尼亚、波兰、格鲁吉亚以及乌克兰的私立高等教育发展尤为迅速，匈牙利、俄罗斯和捷克等国的发展速度则相对缓慢一些。这些国家的私立高等教育从零开始，上升为整个高等教育的 10%、20% 甚至 30%。那些私立高等教育发展最快的国家（如罗马尼亚），所面临的合法性问题最为棘手。私立高等教育的迅速扩大是由许多因素造成的，其中一个主要因素是之前这个地区的大学招生普遍较少。尽管一些国家在社会主义时期有短暂的私立高等教育发展历史，但大部分国家（如俄罗斯）在这方面基本是空白。

简言之，引起全球私立高等教育合法性的矛盾在这个地区表现得尤为严重。新事物往往被当作是奇怪的事物，迅速的变化引起了人们的惊讶、困惑和误解。政府对私立高等教育缺乏集中的规划，也加剧了这个问题的严峻性，尤其是这些地区的人们早已习惯了整齐划一的政治制度，富有自发性和个性的事物在这里遭到了冷遇。

二　规范标准

上述与文化有关的观点说明该地区私立高等教育的合法性问题与许多因素有关，而不能仅归结于该地区的私立高等教育起步较晚或发展速度较快。在中欧和东欧地区，新兴的私立高等教育与传统观点形成了激烈的碰撞。世界各个地区都在发生这种碰撞，私立高等教育正在改变公立高等教育的垄断局面。但总体来说，在中东欧这个过程进展相对缓慢，因为这个过程还涉及原有社会经济领域的私立学校或私立机构。另一个与私立高等教育法律地位较低相关的因素是欧洲的大环境。东欧和中欧很自然地把欧洲其他国家的做法当作标准。首先，在 1989 年前后，西欧主流的、地位较高的大学基本上都是公立大学。其次，西欧是世界上公立大学占主导地位的地区，私立高等教育相对较少。与美国之外的世界上大部分地区相类似，在欧洲，"非营利性"私立高等教育还不是一个人们能够普遍接受并能准确理解的概念，"私立"一词常常与商业联系在一起，使人联想到它对高等教育的入侵。正因为"私立"是一个受人质疑的概念，所以波兰等国的私立大学更倾向于用"非公立"为自己冠名。

公立大学之所以在该地区长期占统治地位，与宗教和国家相分离的传统有关，也与国家中心主义密不可分。合法性建立在为广泛的国家公共利益服务的基础上，而不是建立在服务于特定的宗教群体、民族、亚文化群体和其他少数人的利益之上。单一的公立大学标准，包括它所规定的制度、课程、内部治理机制和公共财政制度，都已经根深蒂固。而事实上，这套标准和规范即使在公立大学中也早已有所偏离，而私立大学对这些标准的改变更为彻底和激进。

所谓最高标准与私立大学现状往往格格不入，而中欧和东欧的私立大学却依然执行。实际上，世界上很少有私立大学声称要追求最高的学术标准。而在中东欧地区，几乎没有任何一所私立大学有这样的目标追求。相反，私立大学致力于满足一些特定群体的教育需求，或者与劳动力市场联系，或者与宗教、种族和亚文化团体的兴趣紧密相连。这种全球私立大学的"非大学"和商业化导向日益普遍，给东欧和中欧的私立高等教育带来了很大的变化。

三　合法性之路的多元化

中欧和东欧的私立高等教育已有近 15 年的历史，私立大学的法律地位却依然非常低，且情形越来越复杂。大众的不解和吃惊已逐渐消除，快速增长的势头渐趋平缓。该地区的私立高等教育不超过 30%，而欧洲之外的地区私立高等教育的比例较高，有时甚至成为高等教育的主要部分。

讨论私立大学的合法性和创建更优质的私立大学，令这些大学看起来更加合乎普通大学的办学模式，更加具有合法地位。欧洲私立大学之所以日益为人们接受，与公立大学的发展变化密不可分。目前公立大学有了两大主要财务方面的变化，学校的经费来源逐渐包括学费收入和其他非政府提供的收入。公立大学的管理模式也开始具有了一些私立大学的特征。同时，政府（如罗马尼亚）也开始建立规章制度和认证流程，一方面清除那些不具有办学资质的学校；另一方面给那些符合办学要求的私立大学发放通行证，一些国家甚至允许私立大学可以获得某些形式的政府资金支持。一般情况下，公立高校会以敌视的态度对待私立高校，而此时，公立高等教育也开始与私立高等教育合作。

总而言之，社会及高等教育界开始学会了接受多元价值观和多种处理事情的方式来适应某个群体和他们的价值观，这意味着私立大学将获得更大的发展空间。即使私立大学并没有打算为社会各阶层服务，也会为特定的社会阶层服务。私立大学与特定的团体休戚相关，而国内各地区的做法以及一些国际惯例也已逐渐获得合法地位。但是，所有这些都不能消除 10 年前就亟待解决的私立大学合法性问题。

（2005 年冬）

（胡建伟译，徐绪卿审校）

世界公民和私立高等教育

斯内嘉纳·斯兰其娃

　　私立高等教育的出现被联合国教科文组织看作是标志中欧和东欧高等教育稳步发展的关键性成就之一。柏林墙倒塌之后，私立大学在该地区大量兴起，补充了高等教育的不足。随着人们对高等教育需求的不断提高以及市场经济和社会民主化的发展，原先的公立高等教育已经无法满足人们的需求。短短几年间，尽管中欧和东欧各国私立高等教育的发展不够均衡，但其发展速度堪称迅速。波兰和罗马尼亚的私立大学招生超过了总体招生数的 25%，爱沙尼亚占 22%，匈牙利占 14%，保加利亚占 13%，捷克占 2%，斯洛伐克不到 1%。仅就波兰而言，1990 年年底只有 6 所私立大学得到政府承认，到 2005 年时这个数字已经上升到 250 所；私立大学招生数从 1994 年的 5 万人攀升至 2001 年的 50 万人，几乎占全波兰大学招生总数的 1/3。从 1990 年至 1993 年，罗马尼亚大约出现了 250 所私立大学。

一　争取社会接纳

　　在最初的法律真空中建立起来的私立大学很快就遇到了一系列关于合法性的问题。与现有公立大学不同的是，这些新的私立院校一直以来没有让人诟病的地方，它们符合转型社会的各种严格要求，符合高等教育改革的基本要求，少用或不直接使用纳税人的钱。上述这些方面依然是民众是否接受私立大学的标准。尽管如此，他们仍然面临合法性的问题。影响私立大学社会认可度的一个关键因素是这些大学追求怎样的办学目标。

二　共同的特征

在中东欧以及世界的其他地区，私立高等教育发展的重点是为国家开发人力资源，以适应民主社会多元文化发展的需要，促进国家的经济独立。在实现上述目标的过程中，中东欧的私立大学作为一个整体，显示了一些具有普遍性的特征。它们视学生为中心开展教与学的活动，知识的传递是这些大学的主要功能。私立大学开展了不同形式的教育和教法改革，同时也加强了实践训练，以保证能够培养出技术能力强、头脑灵活和富有批判思维的从业者。科学研究主要为课堂教学服务。极少数私立大学培养博士。波兰 221 所私立大学中只有 51 所有资格提供硕士学位课程，2 所获准授予博士学位。保加利亚私立大学在 2003—2004 年只有 3 名博士生毕业。在博士培养过程中，课程多建立在解决区域性问题的基础上，这是私立大学的共同特点。

大多数中东欧私立大学开设市场所需要的系列课程，如商务、金融、银行、法律和经济学等短期的、专业性的学士学位课程。尽管这个地区的私立大学比公立大学多——斯洛文尼亚的私立大学占全国大学总数的 82%，波兰的私立大学占 82%，爱沙尼亚占 63%，罗马尼亚占 60%，匈牙利占 52%，但这些私立大学多数规模较小，基础设施薄弱，整体学术文化单薄。大多数教师是兼职教师，来自历史较久的、规模较大的公立大学。私立大学的许多学生也是非全日制的，他们的社会阶层和年龄存在很大的差异，多数学生为远程教育的学生，修一些指定课程或者接受网络课程。从全球来看，这些现象都是很常见的。

三　转换办学目标

私立大学的教学方法以及专业设置与劳动力市场紧密相连的属性都与传统高等教育有很多不同，后者强调纯粹的科研和学术训练（当然这是传统大学的主要功能）、通识教育、职业准备、实用知识技能的产出和提升民族文化自觉等。传统大学受现代德国大学哲学思想的影响，强调学习和研究的结合，而私立大学引发了高等教育重点功能的改变，多少有所背离根深蒂固的高等教育价值观。在中东欧的政治变迁后，新的观念尤其受到推崇。在欧洲大部分地区，尽管也存在独立的研究机构，但科研仍是大部分高校的主要任务，也是大学认证中首先要评估的内容。

尽管如此，私立大学的重点旨在为地区与全球经济的发展和知识型社会开发人力资源，但相对于大学的科研价值导向，却难以得到社会认可。私立高等教育的社会认可度取决于它们实现自身目标的能力。尽管他们的主要目标是开发人力资源，但私立大学必须要为追求真理留下一席之地。大学的功能不能仅限于求职，还需要为解决现代社会的难题作出贡献。

（2005 年冬）

（胡建伟译，王一涛、徐绪卿审校）

中欧的天主教高校

马里扬·舒尼伊奇

    大部分中东欧国家的高校曾由共产党管理，课程安排和院系设置也深受马克思主义意识形态的影响。20 世纪 90 年代初东欧剧变，随后该地区掀起了现代化和体制改革的浪潮。然而，最初的热情褪去之后，改革便停滞不前、备受阻碍。原因显而易见，积重难返的遗留问题和改革所遇到的阻力远远超出人们的预想。在社会各个阶层，尤其在天主教知识分子中，蔓延着一种挫败的情绪。

    幻想破灭后，他们萌生了成立天主教大学的想法。1992 年，彼得·帕茨玛尼天主教大学在布达佩斯成立，其前身是 1635 年由天主教会创办的一所教育机构。2000 年，在斯洛伐克的罗默博克地区，一所新的天主教大学成立了，下面仅设两大系——哲学系和教育学系。在克罗地亚，主教团近来决定成立天主教大学，不过具体细节尚未出台。

一 高等教育的传统

    值得一提的是，与一些私立高等教育历史悠久的国家相比，中欧的天主教大学有截然不同的传统。虽然在这些国家中，最古老、最有声望的往往是几个世纪前由天主教会所创办的学校，但是传统的公立大学占主导地位。中欧的部分公立大学其实源自早期的宗教学校，如奥地利、德国、捷克、斯洛伐克、斯洛文尼亚和克罗地亚等国家，但波兰和匈牙利是例外。这些学校在过去困难重重，如萨格勒布大学，发源于 17 世纪的神学院，1952 年被当局排除在外，尽管学术界并不承认这一做法。1990 年以后学校开始重新整合，1996 年根据《萨格勒布大学天主教神学院地位和活动的协议》，神学院得到正式认可。

二　天主教大学的使命

天主教大学的使命大致包括以下三项：一是传授神学及相关学科，培养牧师和神职人员；二是为天主教徒服务；三是以犹太基督价值体系为标准建设大学。

毫无疑问，第一项使命与现代高等教育不受以往意识形态压力的初衷背道而驰，也不利于学校的发展。如克罗地亚有两所神学院，它们隶属于萨格勒布和斯普利特当地的公立大学，并且得到政府一定的支持。神学院虽在学术上面临种种问题和困难，但无意改变目前的处境。

第二项使命是仅仅为天主教徒服务，这既难贯彻，也不尽如人意，与高等教育机构的法律地位也互相矛盾。此外，这一内涵暗示了公立大学并不为天主教徒服务，但实际上公立大学的经费来自于纳税人，其中天主教徒占绝大多数，比如在克罗地亚，天主教徒人数超过85%。

第三项使命是建设以犹太基督价值体系为标准的大学。假如这是天主教大学的唯一特征，那么大学就像一切社会机构一样，拥有共同的价值体系。这意味着教育体系应该重申欧洲文明的传统价值观，即塑造民主社会的道德伦理标准。这也是各国尤为迫切的任务。

因此，社会民众应该认识到，建立类似的大学体系（如天主教大学体系）意味着天主教徒不再一味地渴求成为社会的主流，而是退守到他们自己的教育机构。这次变革与以往不同，完全遵从天主教徒自己的意愿，不受任何以往那样的压力和迫害。

三　天主教大学模式

在克罗地亚或者其他后共产主义国家，高等教育改革需要天主教徒的参与，需要考虑成立天主教大学，这一点毫无疑问。因此，精确地定义天主教大学的使命至关重要，但是我们也应考虑其他因素。在当前的经济和政治背景下，天主教会若无力支撑现有的神学院，我们是否有足够的财力和智力投入公立和私立（即天主教的）教育系统？我们不仅要考虑各地严峻的经济形势，也要考虑到长此以往会削弱中产阶级，尤其是高校学术团体，包括造成年轻知识分子的外流。

为了与现有公立大学并存，天主教大学作为一种小型私立大学，应精准定位，既符合现实，又达到最优效果。一种可行的模式是精心挑选一小批合格的本科生，集中力量培养研究生和博士生，摒弃昂贵的、大众型的本科培养专业，以回避相应的经济和个人风险。作为学术卓越中心，这些学校拥有现代灵活的组织体系，既能与同类机构开展全球合作与交流，又能与国内精英知识分子协作，增加教学科研资源并开展学术活动。无论在学术界还是在现实社会，都是一种立竿见影、行之有效的模式。

天主教大学在中欧是否可行，它们的结构体系是否有效，如何界定使命、获取学术与经济资源以及确立政治社会寓意等，均是需要我们认真考虑的几个重要问题。

（2005 年春）

（胡六月译，王一涛、周朝成、徐绪卿审校）

保加利亚的私立高校

斯内加纳·斯兰奇瓦

在过去 10 年间，保加利亚私立大学力图把自身建设为独立的、具有鲜明特点的保加利亚高等教育风景线。保加利亚有 24.7 万名学生就读于 42 所大学和 46 所学院，其中 11.3% 的学生在私立大学就学。

一　第一个十年

保加利亚非国家创办的高等教育始于 1989 年以后。在学术自治法律颁布之后，第一批私立大学于 1991 年开始涌现。私立高等教育在保加利亚发展迅速，尽管它还没有达到像其他社会主义国家私立高等教育那样扩大的程度。在白俄罗斯、摩尔多瓦、波兰和罗马尼亚，私立大学的招生数占学生总数的 30%。1991—1995 年，保加利亚议会认定了 5 所新办的私立大学。目前其中 4 所在运行中，它们是：瓦尔纳自由大学（9000 名学生），新保加利亚大学（7500 名学生），布尔加斯自由大学（6600 名学生）。第 5 所私立大学是位于索菲亚的斯拉夫大学，在办学 4 年之后，由于管理不善，1999 年被议会关闭。

私立大学与国立大学有许多不同之处，相互之间也多有不同。举例来说，瓦尔纳自由大学和布尔加斯自由大学的财政主要依靠当地的支持和学费收入。新保加利亚大学和保加利亚美国大学的财政支持主要来自国外的捐赠。后者办学规模较小，提供美国式的教育，与本文讨论的其他院校在许多方面有所不同。20 世纪 90 年代，私立大学面临共同的挑战，主要的困难是几年来这些大学一直在法律的真空中运行。直到 1995 年，高等教育法律才正式承认私立大学是具备不同办学结构和办学模式的学校。到了 1999 年，法律上有了许多变化和补充，承认院系是基本的学校单位，这个认识和趋势得到进一步加强。1995 年的高等教育法律也对私立学院的建立制定了要求。

保加利亚私立大学面临的另一个主要挑战是有关私立大学的认证程序。所谓国家认证，是经国家认证机构同意，证明私立大学所有的课程和学校结构符合高等教育法律以及统一的国家要求。如果私立大学未能提出认证申请，或者得到负面的认证评价，国家就会停止该校招生（如果国立大学如此，国家就会终止对它的拨款）。国家统一的要求具体说明了教育流程，同时，这些要求也符合人们熟悉的"旧"的学科和传统的大学结构框架。但是私立大学深感矛盾的是，各大学具备不同的框架结构，管理形式和课程安排却必须符合国家标准，令它们在努力获得国家认证的过程中困难重重。

最后，伴随着私立大学发展的是保加利亚民众强烈的不信任感。除保加利亚美国大学之外，人们对所有其他的私立大学持保留态度，这种保留的态度源于私立大学高昂的学费以及所提供的非传统的课程。

二　成就

尽管私立大学仍面临多种挑战，它们在过去 10 年所取得的成绩仍不可低估。它们期许变化，期待自己最终为国立大学所接纳。20 世纪 90 年代，私立高等教育中学士—硕士—博士的学位结构开始运用。直到 1995 年，保加利亚才正式把这样的学位结构作为高等教育体制的一部分引入国内高等教育，力图与欧洲高等教育保持一致。私立大学也最早使用学分体系来评价学生的学习过程。尽管引入学分体系受到刻板的大学体系和课程设计的阻碍，它已经反映了国立大学教学的主要目标。远程教育也在私立大学率先突破。同时，除瓦尔纳自由大学之外，私立大学也最早建立标准化入学考试。

私立大学在教育过程中引进不同的大学运行模式，学校结构和组织形式，给专业课程带来了与传统有别的变化，起到了积极进步的作用。专业课程的弹性化和学生的流动性使得私立大学具有鲜明的特点。另外，保加利亚美国大学和新保加利亚大学是这个国家唯一提供人文教育的国家，直到几年前在官方的教育体制中人文教育的重要性才位于次重要的位置，它给学生带来"身体和精神的完满"，而不仅仅是"知识和技能"（用前高等教育部副部长的话来说）。新保加利亚大学在鼓励有关人文教育作为教育组成部分的讨论中起到了积极的作用。最后，私立大学在计划、规范教学活动和提供课程方面采取了市场策略，也对国立大学提出了另一种挑战。

上述许多成就由于私立大学的财务自治才成为可能。它们不像国立大学，不能得到国家年度预算的支持。当然，它们也有一些来自国内外的资助者。另外，大多数私立大学通过不同的项目得到资金。学费是经费的主要来源，学费标准由私立大学自己制定，比起国立大学强制性的收费标准要高得多。

三　当前和未来的挑战

私立大学一直在呼吁的一个明显的弱势是师资面貌（除了保加利亚美国大学不受此困扰）：大部分在私立大学工作的教师在国立大学拥有终身教职，然后"游历"至私立大学授课或开展研讨（这些教师就是所谓的"旅行箱"或"漫游"教师）；他们在私立大学的工作合同通常规定一个阶段的授课或者几节课的工作量。在这个方面，总体教育过程的一个负面的结果是教师对私立大学的发展投入不足。这种情形由于办学认证的需要有了些许改变：1999—2000 学年 18% 的教师在私立大学持有终身职位，2000—2001 年这个数字增长到了 23%。

财务问题是私立大学需要克服的第二大问题。虽然学费增长，招收的学生数量却不足。没有国家的助学贷款项目，使私立大学的学生难以支付教育费用。对于学费的过于依赖使得私立大学的发展过于依赖市场需求，在许多专业领域也阻碍了课程的发展。尽管私立大学有呼吁，但是政府给予私立大学提供资金帮助的可能性仍十分渺小。

所有保加利亚大学都必须通过国家认证，这也是私立大学面临的另一个问题。目前，所有现有的私立大学都经历了认证。然而，它们仍必须接受具体专业的认证，只要是旧有的、统一的、僵化的标准继续存在，这仍将是一个艰难的过程。国家标准和国家对专业的准入许可已受到诟病。为此，政府已经开始思考为全国高校专业设置变化提供可能性，以适应专业的多样性和丰富性。

保加利亚私立大学历史短暂，却成功地挑战了政府对于私立大学的态度。一直以来，政府都将私立大学看成是对现有高等教育体系的补充，而不是除公立大学之外的另一种办学机制。保加利亚私立大学曾经被看作是未能考入国立大学的学生所能觅到的高等教育一席之地，而如今私立大学已然走到另一层面，它们正致力于激发学生的求学兴趣，并争取更大的办学合法化。

（2002 年夏）

（胡建伟译，徐绪卿审校）

格鲁吉亚高等教育中的
双重私有化

玛丽·帕沙谢夫丽

社会主义国家高等教育领地已经发生了重要的变化，表现为政府介入的减少，诸如资金投入的减少、办学支持的减少、管理上的放松等。各国变化的程度和形式各有不同，但是，所有社会主义国家都见证了私立形式的办学逐步挑战公立办学一统天下的局面。私有化通常具有双重性：（1）私立学院逐步发展；（2）公立大学收取学费，以及它的商业行为的增加。格鲁吉亚已经经历了这种私有化的双重性。

正如这个地区的许多国家一样，格鲁吉亚几乎没有私立高等教育的历史。格鲁吉亚私立大学最早出现于 1991 年。而至 1992—1993 学年，该国已经有了 131 所私立大学。格鲁吉亚经济的衰退和国家对公立大学支持力度的下降都导致了公立大学招生数的减少（与中亚地区和波罗的海各国的情形明显一致）。一些新的私立大学开门办学，公立大学却在 20 世纪 90 年代初、中期总体招生下降20%。这一时期也代表了私立大学建立、迅速发展的时期。私立大学相对扩张，在 1995—1996 年其招生数达到招生总数的 34% 的最高峰。

一　公立大学的私有化

在招生高峰之后，私立大学的招生数相对下降，甚或达到了比较严重的程度。如果说第一波的下降还算平常，而第二波的下降则比较严重。相反，公众对于公立教育的需求从 1997—1998 年开始增长。正如私立高等教育的增长减少了公立大学的招生，公立高等教育的改革也占据了原本属于私立高等教育的份额。

公立高等教育改革的主导因素为自费学生群体的增长，这种增长成为该地区内外公立高等教育内部私有化的显著特点。1993年这种变化获得批准。至2002年，公立大学中43%的学生为付费生，而且这个比例还在逐年上升。学生的学费成为一些公立大学的主要收入来源。举例来说，2001—2002年，第比利斯国立大学和医科大学的学生学费是国家拨款的2—3倍。

公立大学对学生学费的依赖已经模糊了格鲁吉亚国立和私立两种高等教育的使命和教育活动。为了吸引更多的付费学生，公立大学努力适应劳动力市场的需求，提供诸如信息技术、法律、商科和外语等领域的教育和培训。目前，大多数公立教育组织都开设法律和经济学专业。除此之外，授课过程除了使用格鲁吉亚官方语言，还使用俄语、英语、德语、亚美尼亚语、阿塞拜疆语等外语。授课过程中使用各民族语言已然成为格鲁吉亚私立高等教育的标志，也使得公立大学愁眉不展。于是，公立大学只能积极参与和改革，也因此推动了该国高等教育的发展。

除了鼓励个人资助高等教育，格鲁吉亚政府也打算鼓励公立大学更多的市场行为，以促进公立和私立两种高等教育之间的相互竞争。根据2004年的高等教育相关法律，优秀的学生一旦获得国家资助，就能够选择所有通过认证的大学，不管是公立的还是私立的。这就进一步模糊了公立高等教育和私立高等教育的差别，至少对已经通过认证的私立大学来说是如此。不管是曾经占据了高等教育统治地位的公立大学，还是在20世纪90年代轻松发展的私立大学，它们都不得不向没有竞争的年代告别，内部的竞争，公立、私立的竞争，都会持续存在。

二 结论

总之，从1989年开始，公立高等教育体系开始了私有化的延伸。这种变化与私立高等教育的开创和增长有关，也与公立大学以学费为主的私人经费的日益增长有关。格鲁吉亚的案例代表了该地区高等教育发展的主流，但是它仍在几方面有特殊性。首先，它缺乏私立高等教育的传统；其次，私立大学占据了总体招生数的巨大份额；最后，公立大学经费的私人资助开始兴盛。后两种发展使得公立、私立教育界限模糊，给高等教育的两个部分提供了发展动力，也刺激了两个部分之间的竞争。

（2005 年秋）

（胡建伟译，徐绪卿审校）

匈牙利私立高等教育

朱迪特·纳吉达瓦斯

一 引言

近年来，匈牙利高等教育改革着力于一个基本的目标：从集中规划的高等教育体系转向以服务社会（例如，帮助解决失业的问题、提高民众掌握新技能的能力、培养人们对世界的思考方法）以及满足经济发展需求（指新兴的市场经济）为特征的更有效的机制。其中，求学人数的增加是此项改革的前提。

1989 年之前匈牙利的高等教育体系规模还很小，且定位为精英教育。今天，在欧洲经济共同体国家中，匈牙利接受高等教育的学生人数在过去 10 年间增长最快。全日制学生数量翻了一番，从 64000 人增长至 14 万人，而这个数目仅代表了 18—22 岁群体的 16%（该国高等教育体系甚至不能达到 50% 的录取率）。

私立高等教育的发展对于匈牙利培养高需求领域的学生起到了巨大的作用。同时，私立高等教育也帮助国家在不需要增加投入的条件下达到提高入学率的目标。

二 私立高等教育的特点

在 33 个非政府举办的高校中，5 所大学和 23 所学院为教会所有，5 所学院依靠捐助基金办学。尽管非政府举办的高等教育规模相对较小，发展过程中又受到一定的调控和限制，在过去三四年间，私立大学招生

数增长明显。目前非政府举办的高等教育招生总人数达到约了 25000
人，占整体录取人数的 12%。而在所有非政府兴办的高等教育体系里，
依靠捐助基金办学的学院招生人数增长最为显著。

　　教会和私人投资的私立大学有着非常明显的差异——无论是政治的
影响程度，还是组织结构、学术问题、财务策略等方面均有不同。比
如，教会学院着重宗教和神学教育，并不涉及人文学科、教师培训以及
社会工作专业。28 所教会学院中，只有 7 所（2 所大学，2 所神学院，
3 所师范院校）开展一些非神学教育。师范院校培养一至四年级的小学
教师，完全由政府提供办学经费。2 所大学设有艺术系和科学系，其中
1 所还设有法律系。迄今为止，教会大学的专业设置与普通大学的区别
不大，它们在非宗教专业的开设方面与普通大学差异也不是很大。这种
情况可以部分地归因于大学办学所遵循的传统以及它们一贯的谨慎策
略，拖沓的国家认证和授权办学过程也是一个主要的原因。与国立大学
相比，教会大学兼职教师比例较高，大部分的师资力量来自国立大学。
新办的私立大学稳固性不足，而这些教师已经拥有国立大学长期的稳定
的职位。教会举办的大学一直努力寻求国家的支持，要么通过非正式的
游说，要么通过官方的国家教会的许可。它们的总体目标是获得等同于
国立大学的政府支持。

　　私立大学的办学支持主要依靠私人资金，努力实现服务地区发展的
功能。它们的教育非常关注当前和未来劳动力市场的职业需求，比如计
算机技能培训、商务管理培训、外语能力培养。这些领域的工作起薪基
本能保证高于平均水平。这一点对一个在过去很长一段时间里薪资水平
相对平均的国家来说是很重要的。私立大学希望获得平等和认可，但是
这并不意味着它们一定需要得到公共资金的支持。

　　匈牙利的 5 家以捐助基金维持的大学目前招收学生 13365 名，这个
数目比 28 所教会学校招生总数还要多得多。毕业生广阔的就业前景是
投资私立大学的重要保障，私立大学的领导者想方设法提高学生在劳动
力市场的就业能力。以捐助基金维持的大学的另一个特点是：相对国立
大学，它们的生师比较高。

三 法律保障及财务环境

非国立高等教育必须获得国家认可，并经议会批准方可办学。除了必须达到国立大学所必须达到的条件之外，非国立大学还必须显示出它们具备恰当的师资配备、优良的物质环境以及良好的财务环境。所有的大学每 8 年必须经过至少 1 次的认证。据一些私立大学的管理者和部分教育部的官员介绍，获得国家认可程序冗长，且充斥着官僚气息。在这样的环境之下，国立大学通常会视私立大学为争夺稀缺资源的竞争者，因为从长远来看，政府可能会减少国立大学的招生人数。

1995 年议会通过了关于发展高等教育的决议，宣布了一系列关于私立高等教育的目标，这些目标却多少有些自相矛盾。决议呼吁对公立教育和私立教育采取中立的态度，人们对举办大学、开设专业具有自由权。这个决议也强调了国家应强化功能，刺激教育市场发展过程中的竞争。同时，决议也呼吁大学的结构应重新构架，重点当然是建设规模更大、结构更完整的公立大学。

假如没有来自赞助者最初的重要支持，无论是以捐助基金维持的大学还是教会学校都无法办成。许多学校的大楼都是市政当局免费赠送的。以捐助基金维持的大学，其运行成本组成为捐助基金、学费以及政府的支持。教会学校的财务情况不够明朗，因为教会学校的资金支持一部分是国家直接拨款，一部分是通过教会所取得的国家资金。市政当局却正在为维持自身的运作艰难度日，因此它们对私立大学的支持和影响逐步下降。对一些私立大学为唯一的高等学府的城市来说，这个问题是比较严重的。同时，当地的企业对投资和赞助这些学校办学也缺乏明显的动力和激励，支持高等教育只能帮助它们减免有限的税收。

以捐助基金维持的大学，其财务的重要组成部分是学费。每个学期的学费都由各校自己决定，学费最高达到家庭平均月收入的200%。根据 1996 年的个人收入税法，由于学费来自纳税后的收入，学生和家长可以减免大学规定学费的 30%，公立大学和私立大学都如此执行。私立大学的学费收入不纳税，但其他收入须缴税。

1997 年政府发布的高等教育白皮书描述了中期（1997—2002）发

展政策，条理清楚。白皮书明确了私立高等教育的重要作用，私立高等教育的发展有助于扩大招生人数，在市场导向的专业领域形成竞争。当然，只有时间才能证明现在或将来的政府是否具备足够的调控能力来实现这样的目标。

（1997 年秋）

（胡建伟译，徐绪卿审校）

波兰私立高等教育的发展路径

沃季科·杜茨玛尔

直到 1989 年，波兰高等教育仍然属于精英教育，招生录取率很低。从中央政治研究所对该国高等教育体制进行深入研究的影响开始，大学的部分学术性逐渐消除，波兰高校固有的地位也逐步削弱。由于国家经济不景气，高等教育体制僵化，高等教育和就业之间关联度小。同时，20 世纪 80 年代教师收入水平低，许多优秀的学生都不愿从事高等教育行业，也使许多优秀的大学教师离开本国，到国外求得更有前途的职位。

一 改革与机遇

1989 年波兰高等教育开始发生转变。20 世纪 90 年代，世界发生了经济危机，工业生产进一步下降，通货膨胀严重（通胀率近 150%），失业率居高不下。政府为了应对经济滑坡，出台了一系列的经济改革措施。

高等教育政策也有所变化。国家允许大学重新构架，以适应新的政治、经济和社会形势。1990 年议会通过了一部高等教育法律，为高等教育领域广泛的变革提供了依据。主要的创新措施包括把政府的权利转移到大学和开始收取学费。另外，也是本文的重点，就是消除私立大学办学的障碍。这些变化引起了 20 世纪 90 年代高等教育体系的实质性的扩张，尤其是私立高等教育的扩大。

最大的变化就是允许举办私立大学。1989 年以前，波兰只有一所私立大学，卢布林天主教大学建于 1918 年，由教会和波兰民间出资兴办。根据新的法律，出资人只要达到教育部的规定和要求就可以兴建非公办大学。比如，教授的数量、课程的标准以及基础设施是否达标。2001 年以来，教育部长已经要求建立国家认证委员会，通过该委员会来检测大学各项标准是否落实。按照 1990 年通过的高等教育法案，私立大学可以开设学士学位和硕士学位课程。1997 年议会又通过了职业高等教育学校法案。1997 年以后的私立大学都以职业高等学校名义注册，只能开设学士学位课程。如果要申请颁发硕士学位，私立大学必须首先改变自身现状，并且按照 1990 年颁发的高等教育法案运行。145 所最新举办的私立学院目前的身份都是职业学院。

二　私立高等教育的发展

私立大学向所有学生收费，学费平均每学期在 400—600 欧元之间。国家对私立大学的教学和科研没有直接的支持，当然，政府减免了私立大学的财产税、营业税和收入所得税。直到 2003 年，对于工薪阶层学生的家庭，因为他们已经向高等教育付费了，所以，国家减免部分收入所得税。但是到 2004 年这项减免规定被废除。

从 2000 年开始，私立大学的全日制学生可以取得国家的贫困助学金。2001 年大约 17000 名学生获得国家奖学金，平均每月 50 欧元。但私立大学的学生却不能获得绩优奖学金。从 1998 年开始，不管是全日制学生还是业余学生都可以申请国家助学贷款。

私立高等教育迅速扩大，其认可度也越来越高。20 世纪 90 年代，由于人口增长以及劳动力市场对高等教育的需求，高等教育发展尤其迅速。私立大学在满足人们对高等教育的需求方面起到了积极的作用。私立大学也从 1990 年的 3 所增长至 2004 年的 280 所。学生人数从 1990—1991 年的 6500 人增加到 2003—2004 年的 51 万人。而高等教育的总体招生人数从 1990—1991 年的 40 万人急剧增长到 2003—2004 年的 180 万人。

私立大学遍布整个波兰，当然，最知名的私立院校集中于大城市或大城市的周边（这个特点和世界上其他国家相仿）。280 所私立大学中，137 所位于大城市，其中，57 所在华沙。尽管如此，还是有不少私立大学坐落于小城市，这增加了底层社会或者是农村背景的学生接受高等教育的可能性。私立大学几乎没有任何来自国家的帮助，它们大多开发"低成本"的专业（这一点也和世界上多数地区一样），以招收业余学生为主。这些私立大学的专业设置包括：商科、管理、教育、政治学以及计算机科学。由于教授人数有限，私立大学从 20 世纪 90 年代开始一般以开设学士学位课程为主。然而，近年来，它们吸纳了越来越多的教授，开始授予硕士学位，直至博士学位。2002 年，超过 90 所的私立大学被授权颁发硕士学位，4 所具备授予博士学位的资质。其余大约 150 所私立大学仍开办学士学位专业。

私立大学招生中约 75% 的人为业余学生，他们既工作又学习，以便为高等教育付费。除此之外，2001 年的研究表明，私立大学大多数的学生来自底层社会或者农村。

三 结论

总而言之，在国家财政紧缩、高等教育需求不断增长的情况下，要增加低收入家庭的学生接受高等教育的机会，没有私立高等教育，将会是非常艰难的一件事。现实情况说明了私立高等教育合法化的必然性。私立大学尤其受大龄学生的欢迎，也受到低收入群体和乡村群体的欢迎，他们因此获得了提高自己受教育程度的机会。另一方面，波兰的私立大学仍然呼吁取得合法地位，获得国家的认可。政府则采取让私立大学自我发展的态度。私立大学不能取得国家直接的支持，或者免税的优惠。私立大学其实并未真正纳入高等教育国家层面的规划。因此，尽管波兰的私立高等教育已经颇具规模，然而它的合法性问题依旧纷繁复杂。

（2005 年冬）

（胡建伟译，徐绪卿审校）

罗马尼亚的私立和公立高等教育：市场的后果

鲁米尼亚·尼科勒斯库

　　罗马尼亚的私立高等教育已出现达 15 年之久，它与公立高等教育并驾齐驱地发展，但在一些重大问题方面（如质量控制、财务和声望等）二者有所差异。本研究重在发现私立高等教育和公立高等教育在高等教育市场中所表现出来的差异，这些差异受法制、政治、经济、教育质量和受教育者的期望等因素的影响。

一　私立高等教育的崛起

　　20 世纪 90 年代初，罗马尼亚的私立高等教育在完全的法律真空内获得了发展。面对社会公众对高等教育越来越多的需求，私立高等教育率先作出了反应。私立高等教育满足了社会公众对高等教育的大量需求，而公立高等教育仍处于集权的组织领导之下，无力对社会公众的教育需求作出灵敏的反映。于是私立大学快速成长，尤其是在社会需求较高的领域发展很快，如商务、法律以及一些人文学科。90 年代中后期，罗马尼亚全国共创立了 83 所私立大学，私立大学的招生数也逐步增加至占全国大学招生数的 30%。然而，在最初的几年，许多私立大学办学条件简陋、师资缺乏、教学质量形象不佳。尽管如此，教育市场仍呼唤私立高等教育，因为私立大学有着公立大学无可替代的作用，后者依然秉承传统精英主义的教育思想。当申请者在申请公立大学的入学资格失败时，或者自感学业程度不够时，便把私立大学作为次优选择。实际上，在世界上的很多地区，人们还是把私立大学作为次优选择来看待的。

由于罗马尼亚建立了外部质量监控体系和一定的认证过程，一些私立大学关门大吉（2001年有14所），而另一些私立大学则获得了认证。目前，70所私立大学中有31所通过了认证，私立大学的质量问题和社会合法性问题日益得到改善。然而，私立高等教育给人留下了"为获得经济利益而办学"的印象，教育质量比公立大学低，也只能吸引能力低下的学生。这种不良的形象，加上1995年以后公立大学的发展，尽管私立大学的招生绝对数继续上升，但私立高等教育市场份额直线下降。

二　公立高等教育的私有化倾向

1990年以前，公立高等教育是罗马尼亚高等教育的唯一形式，社会地位牢固。1990年以后公立高等教育开始扩张，大学数量从1989年的44所增长至2003年的57所，同期招生人数从164507人扩大到457259人。公立高等教育的发展受改革进程的影响，自1995年开始加快改革进程，尤其是1997—2000年发展较快，但到2000年以后，改革又出现阻滞。

公立高等教育的改革意味着大学决策过程的非中央集权化，大学逐步取得了学术和财务的自主权。大学开始可以自行决定学业，设计各种各样的课程，还可以筹募额外的资金，包括学费。结果是付费生迅速增长，招生数翻了一番。许多公立大学甚至得到补贴的学生数和付费生数各占一半。公立大学的私立成分出现端倪，其入学通道日渐扩大，公立大学因此抢占了更大的市场份额。然而，一旦公立大学具有了私立大学的色彩，它们就开始受到指责，比如过分追逐经济利益，重教育的数量而不是质量。但是，尽管人们对公立大学提出种种质疑，公立高等教育的需求仍持续增长。罗马尼亚公立高等教育的私有化转向，在其他社会主义国家也具有普遍性。

三　市场中的公立和私立高等教育

最初，公立高等教育的集权管理以及迟滞的行动能力使私立高等教育能够分得一杯羹，但后来，公立高等教育的私有化改革使得公立和私立之间的关系分裂。首先，许多学生宁愿作为付费生进入公立大学，也不愿成为私立大学学生，以此获得看起来更好的教育和更响亮的大学名声。因此，公立大学的私有化改革实际上是以压缩私立大学的发展空间为代价的。2000—2003 年，罗马尼亚公、私立大学的招生总人数增长了 35%，而同期私立大学的招生数占比却从 29.5% 下降至 23.3%。

其次，公立大学付费硕士生的招收数量有所增长，入学之门是敞开的。这就是所谓的"洗文凭"（Diploma Wash），意思是私立大学的毕业生申请公立大学的硕士学位，以"净化"他们最初的文凭，提高自己学业水准的可信度，获得名牌公立大学的最后学位。

由于社会对教学质量要求的变化，私立大学最近有减少市场份额的危险。私立大学出于认证要求的压力而不断进步，与此同时，公立大学因经济利益驱动扩大市场份额而导致教学质量下降。这些趋势并不是说私立大学的教学质量可以与公立大学相提并论了，也不能说私立大学的发展停滞了，这些变化意味着罗马尼亚私立大学和公立大学在教育市场的竞争进入了一个新的阶段，而他们未来的竞争结果并不清晰。

（2005 年春）

（胡建伟译，徐绪卿审校）

罗马尼亚私立高等教育的使命

罗伯特·D. 赖兹

本研究分析了在一些私立大学网站上所获得的文本资料，这些文本旨在加强这些私立大学的合法性。通过搜索他们的网页，我们可以了解私立大学如何看待他们自己、他们自身所处的环境以及自身的使命。

本研究包括23所获得认证和28所取得办学资格的私立大学，这些大学接受过全国学术评估和认证委员会的检验，代表了截至2004年1月罗马尼亚私立高等教育的状况。本研究主要分析各大学网站上对自身使命的陈述。由于并不是所有的大学都在网站上清晰地阐述了他们的使命，对于这些大学而言，我们也使用了其他途径，找到了他们对自身办学目标的描述。

大学关于自身使命的陈述如同精心设计的网页一样，被大学用来提升自身的形象和声誉。言辞一般是正式的、客观的，多少带点官腔，有一些句子富有诗意和宗教色彩，也有很多句子反映出新的官方话语特点，还有很多语言表达学术味道非常浓厚。

一 职业主义

大多数学校都声称自己负有职业和专业教育的使命："培养具有国内领先水平和国际水准的有竞争力的专家"，"培养专业人士以满足市场经济的需求，这些专业人士能够融入欧洲的政治、社会、法律和文化体系"，"为匈牙利培养专业人员，具有国际竞争力，富有基督教精神"，"为罗马尼亚西部培养专家"①。许多大学强调毕业生的适应能力，

---

① 罗纳尼亚西接匈牙利，匈牙利的经济发展水平高于罗马尼亚。——译者注

适应国家、国际和欧洲市场的能力，具备劳动力市场所要求的技能。网站上对自身使命的阐述可以让我们确认当代私立高等教育的一个基本倾向——职业导向。

尽管职业化已经成为全球高等教育的一个普遍特点，然而中东欧高等教育中的职业化倾向却由来已久。在始于20世纪50年代的高等教育改革中，职业化就成为其改革目标，其教育体系是系统化而非经院式的。在所谓的综合技术改革之后，高等教育旨在为国家的经济发展培养有才智的劳动者，所有由社会主义高等教育机构授予的学位都与职业挂钩。近一半的学生都是工程学专业的，所有的人文、艺术、科学院系实际上都变成了教师培训机构。

1990年以后公立高等教育的学术化转向令公众颇为惊讶，学术界的民意测验反映了该价值体系的变化。20世纪90年代的重要特征之一是高等教育逐步扩大，并且开始从职业化倾向中分离出来。显然，在公立大学自治化的同时也伴随着一定的混乱和无序。对于高等教育的扩大，媒体、政治家和民间不断发出担心的声音。私立大学为赢得公众的认可，喜欢展示与公众意见贴近的价值体系，希望成为公众心目中所期待的大学。

然而，随着20世纪90年代早期高等教育的扩大，许多年轻人进入公立大学，同时，高等教育的主导力量发生改变，作为主导力量的资深教授在私立高等教育的市场中更有利于将他们的声望转化成利润。大学的职业化办学目标的转变实质上也反映了其创办者的价值观念。

罗马尼亚高等教育的职业化特点可以追溯到高等教育的拿破仑模式。该模式始于1818年，位于布加勒斯特的高级技术学校建立，后来成为理工大学。这个传统逐渐演变为高等教育的一系列重要宗旨：高校应该更多地培养专家，高校对经济和管理的关注要胜过对文化的关注，高校应尽可能地满足社会和经济发展的需求。

二 精英主义

在高等教育使命的阐述中，另一种常见的表述是精英教育。这个观点多出现于一些布加勒斯特的经过认证的大学网站上，这些大学招生数量多，学科范围广。只有一所大学明确说自己是一所古典大学，其他大学则声称"培养精英人才的精英大学"、"精英高等学府"或者"致力于学术尖端"。而实际上，经过认证的大学和经过授权的大学并没有显著性的差异，只不过这些所谓的精英大学的网页设计得更加复杂、精美。诚然，精英私立大学并未假装自己比公立大学更优质；相反，他们明确说明自身具备与公立大学相类似的办学水平，或者自己"可以与最优质的公立大学相媲美"。而关于这些大学的真实办学质量，我们当然不能仅凭手中已有的资料来判断。

精英教育的争论也与共产主义遗留有关。大部分欧洲国家已经经历了止于20世纪80年代的大学扩张过程。而在当时，罗马尼亚每10万居住人口中的大学生比例在欧洲各国中最低（除阿尔巴尼亚以外）。高等教育体系的扩大，大学入学的自由化，以及私立高等教育自身都改变了私立高等教育的大环境。

一些私立大学的创办者感觉到学生和家长对精英教育的渴望，而这种精英教育正在公立高等教育中缓慢而明显地衰落。当然，私立大学，无论是否是精英大学，在社会声誉方面都无法与大部分的公立大学匹敌。

三　结论

几乎所有的私立大学都运用与外部环境相关的因素来界定自身。私立大学所遵循的价值体系来自于社会主义时期高等教育对于精英职业教育的解释。本研究所涉及的大学无论是在自身使命的描述方面还是在网页设计方面均显得较为保守，这可能与利益相关者的期望有关，也可能与其领导者循规蹈矩的特点有关，还有可能是大学的学科结构造成的。

（2005年冬）

（胡建伟译，徐绪卿审校）

俄罗斯私立高等教育的问题

伊夫吉尼·克丁

今天俄罗斯高等教育体制最明显的变化，是私立大学的兴起，这一点与其他处于政治变革中转型时期的国家一样。俄罗斯现在大约有200余所私立大学，每年招生人数超过60000人。这些私立大学给社会带来了怎样的好处，又产生了怎样的问题呢？

一　获益

首先，对于公立大学不足的地区来说，私立大学满足了人们的需求。直到最近，一些管理类、商务类、市场经济类及其他相关的课程才出现在俄罗斯的课程大纲中。

其次，私立大学给成千上万的学生提供了极其重要的高等教育的通道，而这些学生恰恰是被公立大学拒之门外的，因为公立大学受到国家计划招生数量的限制。

再次，私立高等教育为家长提供了合法的机会，让他们为孩子的未来投资。

最后，这些大学，通过履行不同一般大学的传统使命，践行不同的教育路径，给予年轻人和富于求知热情的人们一个机会，培养它们的学业能力和组织能力，也为这个群体提供自我表达、自我反省的机会。

但是，一些私立大学的管理者承认，假如一开始就知道他们可能面临的竞争，那么，他们根本就不会介入高等教育领域。

二　问题

大楼

要开门办学，你得有房子使教学过程得以进行。俄罗斯人都没有闲钱来建新大学所需的大楼。所以，对于这些大学来说，唯一的折中办法是租用他人的场地。如果是租用一幢楼或者其中的一部分，或出现诸多不可预测的问题，包括你的租约什么时候到期？如果租约到期，接下来又该做些什么？因为你租的大楼不属于你，可以任意地翻新、扩建和改建。这种情况使得俄罗斯没有一家私立大学拥有自己的优质的大楼，更别提拥有整个校园了。

设备

设备和设施的问题直接与大楼的问题相关。即便有足够的钱买到一切所需设备，要安装设备和通信设施也是非常困难的——或者房主不答应，或者大楼太旧没法安装，又或者语音交流系统所需的电缆线根本就没有，这种东西在整个城市都从未安装。

图书馆

显然，没有图书馆，就没有严肃认真的课程教学和学术研究。俄罗斯私立大学有自己的图书馆吗？没有。他们既没有足够的书籍，也没有能够容纳书籍的大楼。要建造一个好的图书大楼还需要几十年的时间。然而这还不是俄罗斯能够做到的。学生们被告知，他们需要为课堂所需要的图书资料捐资。

教师

对私立大学来说，招聘行政管理人员和教辅人员不成问题。但是，要找到教授来上课特别是上新课程就显得特别困难。在莫斯科可以找到专家，但是，其他地区就不容易了。所以，郊区的私立大学只能吸引访问教授来他们的学校。一些受欢迎的教授通常在私立大学开出较优惠的条件的时候才会来，相对于本地教师来说，学校需要提供较高的薪水，并解决教授们的交通和食宿问题。这样，聘请访问教授来私立大学教学的成本可观。最直接的影响便是私立大学的学费上涨。

另一个问题是访问教授通常不会整个学期来私立大学，一般每学期只来2—3周，每天上课4—6小时。这些教授来时并没有课程的阅读文献，有时课程结束立即考试，或者是一两个月之后进行考试。所有这些做法都导致了这些地区性大学对教育过程组织的不规范性，这就使得这些院校缺乏稳定性和规划性，最终导致教育产出能力的不足。

大多数私立大学的教师是公立大学的全职教师。他们受聘于私立大学，教授一些每所大学都需要开设的公共课。这些教师通常在各自的领域里训练有素，却并不像专家那样"身价不菲"。但是，兼课的教师往往没有充裕的时间来备课，在两所大学里投入都不够。

证书

私立大学的毕业生应该被授予怎样的证书呢？没有人能给出一个明确的答案，教育法律中也找不到答案。私立大学只有在通过国家认证之后才能颁发自己的证书，而这种认证资格必须在私立大学至少有三届毕业生之后才能授予。

这个问题的第二个层面与公立大学目前存在的问题相类似，颁发怎样的证书，学历文凭，或者是学位证书？一些私立大学尽管按照西方教育体制，授予学士或硕士学位，但他们也困惑，对学生未来的就业来说，这样的学位意义何在？这样的文凭并不能与现实对接，不能满足当地就业市场雇主的期望。

三　结论

"不确定性"是一个用来表征当今俄罗斯高等教育中私立部分的整体状况的最贴切的词。不确定性体现在各个方面：租用教学大楼，聘用全职教师和访问教授，开发课程，颁发毕业证书，等等。另外，政治环境是如此不稳定，以至于私立大学都不能感受到完全的独立性，或者说真正的私立性。

（1996 年 12 月）

（胡建伟译，徐绪卿审校）

俄罗斯私立高等教育：
与国营机构结盟

德米特里·萨斯皮特森

俄罗斯私立高等教育约有 10 年历史，与其他国家的私立高等教育有很多相似之处，但其中有一个显著特点很少在相关文献中提及，那就是俄罗斯私立高校的创办与公立成分密不可分，私立高校与国营机构、公共资源之间存在持续性关系。

目前俄罗斯有私立高校超过 500 所（公立高校为 620 所），约占高校入学率的 10%。这些学校基本位于大都市或大型城市圈，如莫斯科、圣彼得堡、喀山、新西伯利亚，主要提供与市场相关的一些专业，如经济学、法学、心理学、社会学、社会工作、工商管理以及其他不需要大量设备和基础研究设施投入的学科领域。它们灵活应对劳动力市场的需求，提供弹性的课程安排，常常采用以学习者为中心的授课方式，特别倚重兼职教员和学费收入，入学要求不高，很少关注科研，与其他国家的私立高校很相似。在这些高校中，只有小部分关注教育质量，大部分学校提供的学位仍然被雇主和大众所质疑。与其他地方的私立高校一样，俄罗斯私立高校并非由公立高校转化而来，而是零起步完全新建而成，这与工业私有化截然不同。

在法律文件和公共话语中，俄罗斯私立高校通常被称为"非国有"高校，意指国家与私人分离，国家在其中作用有限。非国有高校虽没有中央政府资金支持，却从其他的国营机构中得到不少的资源支持，它们与政府组织的联系远比它们所宣称的更加紧密。事实上，各类国营机构一直积极参与建立私立高校，尤其在私立高等教育发展的初期阶段，它们还特意为此发表声明。依据法律，非国有高校可由机构、私人或机构与私人一起合作建立。目前，约一半的私立高校由机构与私人合作建立，四分之一的高校由机构单独建立，剩下四分之一才由私人建立。

各级政府机构积极参与建立私立高校。在莫斯科地区，创办者名单中不乏国家部委或国家杜马（国会）的小组委员会，而在地方，这些创办者往往是当地行政机构或市政府。对非国有高校来说，政府的有些支持只是象征性的，而有些则能带来实实在在地利益。政府的帮助有时并非是直接的资金投入，而是提供其他形式的资源，如提供设备和房屋。因此，高校往往愿意公开与政府的关系，这样既能保持稳定，又能得到公众的接纳。

建立非国有高校的有力推手是公立高等院校和专门性的研究机构，如俄罗斯科学院、俄罗斯教育科学院以及国家各部委下属的学术研究机构。据非国有高等教育机构协会的统计，超过一半的非国有高校是由这些公立学术机构创办或联合创办的。

公立高校和私立高校之间的相互作用各不相同，公立高校和研究机构对私立高校管理事务的影响也是差异巨大。相当一部分的非国有高校是由公立高校的学术委员会或高层管理者（如校长、副校长、系主任）决议基础上成立的，因此，新兴私立高校的合伙创办人既包括公立高校，也包括个人，如校长。这些学校通常就位于公立高校内，享有公立高校的一切资源，如图书馆、运动设备、宿舍楼、研究实验室和其他各种资产。以此成立的私立高校法律上虽属于独立的个体，但十分依赖相应的公立高校，往往由公立高校校长非正式地管理，实际上是公立高校下面的一个支系。其他的非国有高校是独立管理的，与相应的公立高校之间互利互惠。

很多私立院校由私人或私立企业成立，人们便误以为它们独立于国营机构。实际上，这些院校共享社会资源，与政府组织有着千丝万缕的联系。在俄罗斯，政府官员参与管理私营企业，包括私立高校是非常普遍的。私营企业常常拉政府官员入伙，与他们建立亲密的联系。有时候，非国有高校的校长本身就是政府官员，在政府内部有众多的人脉，这样非国有高校与国营机构的关系更加显而易见了。

因此，很多俄罗斯私立或非政府高等教育机构非常依赖政府和各类公共经营机构，与它们保持紧密联系。对非国有高校来说，在这样一个集权传统深厚的国家，这是取得合法地位并且继续生存的必要条件。

（2003 年秋）

（胡六月译，王一涛、徐绪卿审校）

改革与创新：乌克兰
新兴私立高校

约瑟夫·斯特塔、詹姆斯·斯托克

　　乌克兰以及其他一些苏联国家的私立高等教育在 20 世纪经历了第二次革命。第一次革命发生在 1917 年，在第二次世界大战之后的几年内高等教育迅速发展。约瑟夫·斯大林的领导起到了尤为重要的作用，他在乌克兰和其他苏维埃共和国推行了社会主义的、俄罗斯模式的高等教育体制。乌克兰高等教育在 20 世纪基本实行知识多元主义，在社会科学和人文科学方面这一点更加突出，这是由于该国在意识形态上的导向，也是因为实施了较强的中央计划管理，以及长期以来对传统学术的追求。知识多元主义对于社会人文学学科领域显得非常重要。

　　高等教育的第二次革命当前正在乌克兰进行。这场革命试图重构高等教育，使之发生迅速而深刻的变化。这场革命也许并不能消除官方的、国家层面的条条框框，但希望通过更加多元化的途径，做一些实质性的改变。由于受到新兴的强大的市场力量的推动，俄罗斯模式的高等教育体制越来越被认为与独立的乌克兰的需求不相符。① 这就是 20 世纪 90 年代乌克兰私立高等教育发展的背景。

　　1996 年 5 月，也就是自乌克兰独立近 5 年，获得批准的私立院校数目超过了 120 所。这些学校的招生比例占整个国家总体招生人数（80 万人）的 2%，它们具备了填补乌克兰国家高等教育体制空白的潜力。乌克兰私立大学积极响应正在发生迅速变化的经济形势，通过商务、法律、教

---

① E. 斯温 和 F. 奥威尔：《新欧洲的教育》，《比较教育评论》1992 第 1 期。另可参见 J. 斯特塔《私立高等教育和外部控制》，见 J. 特纳编著《国家和学校》，伦敦：法尔默出版社。

育和医学等课程改革，努力满足新兴独立国家的学术、经济、宗教和文化的需求。

自从 1991 年 12 月乌克兰独立以来，国家在社会、宗教、文化等方面发生的急剧变化也导致了私立院校数量激增。语言和宗教团体，受到越来越广泛的自由精神的推动，产生了举办私立院校的兴趣，以推行并实现其宗教和文化的目标。举例来说，希腊天主教和其他宗教团体，尤其是在乌克兰西部的这些团体，也曾试图通过获得政府批准来举办私立大学，虽然以失败告终。1997 年，他们再次努力，终于在基辅开办了一所新的院校：国际天主教大学。

乌克兰大部分的私立大学位于乌克兰的东部和南部，分布在顿涅茨科、扎波罗热、哈尔科夫以及克里米亚自治共和国等地，这些地方是在乌克兰的 1150 万俄罗斯族人口的故乡。而在乌克兰西部和北部的 9 个乌克兰语地区，只有几所私立大学。另外，在一些重要的乌克兰语地区，如文尼察、切尔诺夫策、尼克拉艾以及乌兹格罗则没有一所私立大学。即便在基辅，乌克兰私立高等教育运动的中心，也只有一所基辅国立大学莫希拉学院。该校几乎完全使用乌克兰语作为教学语言。20 世纪 90 年代早期，国家政策似乎是在鼓励乌克兰语作为教学语言的使用，在高等教育中提供更多的乌克兰语内容。而具有讽刺意味的是，这实际上是刺激了俄语和俄罗斯文化的稳固，使私立大学成为大量说俄语的民众的天堂。

一　私立高等教育的资助

在现有乌克兰政府的规定之下，所有的私立大学都是营利机构，所以必须征收所得税（比如，学费和资助款），大约是 70% 的比例。除了支付这些高额的税收，私立大学还要维持日常的运行，达到国家规定的标准以及认证许可，还需要对付教育部奉行的苏联的行政命令和控制政策。在这样的环境下，私立高等教育发展的浪潮在经济形势面前举步维艰。私立大学呼吁机制改革，不要重复原有的机制，要合作努力。凡此种种，都意味着大量的院校合并和关门都在所难免。私立高等教育中的达尔文理论得到彰显。这个领域需要重大调整。除非乌克兰私立高等教育得到有计划的、有效的支持，形成合适的联盟组织，与教育部形成友好的关系，否则就会面临消亡的危险，根本谈不上过渡发展。

在基辅，对私立高等教育直接的政府支持几乎没有，关于这种支持的公共政策也不明确，政府政策基本上排除了直接的经济支持。尽管教育部认为，有大量的证据说明基辅地区部分私立大学通过政府提供几乎免费的教学和行政大楼，接受了间接的政府支持。但我们还不明确的是为什么一些院校能获得这种间接却非常重要的资助，而一些院校却得不到。一个根本的问题"国家对于私立高等教育资助的公共政策是什么"仍不得而知。

一些基辅之外的私立大学已经能够得到地方政府（市政府或地方政府）的支持。这种来自地方政府的支持常常是以间接资助的形式。例如，提供地方税务的减免、提供教学设施等。另外一些情况是，私立大学与地方政府保持联系，提供教育服务，以换得直接的财务支持。比如，顿涅茨克慈善学院就是通过为中小学教师提供教务服务，来换取市政府直接的财务资助。

尽管地方政府对私立高等教育的经济支持仍然很少，但高等教育和地方政府之间互动关系中的若干因素可能有助于进一步扩大这种形式的资助。从历史的眼光来看，高等教育政策和管理直接受到基辅政府的统辖，但地方当局责任心缺乏，主人翁意识较差。如果不受到地方当局保护性措施的限制，私立高等教育就能够主动发现和填补地方教育的空白，这一点常常受到欢迎。在一些城市尤为如此，这些城市的传统中学后教育体系服务功能较差，而该教育体系就是由基辅的教育行政部门直接领导的。

二　私立高等教育的管理

乌克兰私立高等教育的管理自然是寻求脱离政府和教育部集中管理的自主道路。缩小国家的宏观调控是一个复杂而微妙的过程，因为私立大学虽然不一定从政府获得直接的帮助，却还依靠着政府取得办学资格，获得认证，以及未来减免税收。

然而，政府依然践行苏联模式的理念，这让私立大学自主自治的道路充满挑战。举例来说，1996年通过立法规定政府对是否准予私立大学办学具有完全的权利，包括私立大学的办学方针和领导组成。当然，私立大学强烈地反对这项立法，它们深感政府干预过重。尽管地方政府对私立大学的经济支持还很少，高等教育和地方政府之间互动关系中的若干因素可能有助于进一步扩大这种形式的资助。

三　结论

乌克兰私立高等教育前途未卜，许多问题需要厘清。没有政府的财务支持，乌克兰私立高等教育能否生存？要举办非政府统一管辖的大学，私立大学应当和中央政府进行怎样的沟通？不言而喻，乌克兰私立大学的出现已经产生了一定的影响。只要给予其自主性，赋予其责任性，私立高等教育就能够使乌克兰整体高等教育体系更加强大，更加灵活，也更具有针对性。

（1997 年 3 月）

（胡建伟译，徐绪卿审校）

乌克兰私立高等教育的演化

约瑟夫·斯蒂塔、埃琳娜·贝瑞兹金娜

乌克兰于 1991 年获得独立，国内长期压抑的教育、文化和经济随之发生剧变，私立教育也应运而生。乌克兰的民族主义和以市场为主导的经济转变凸显出公立高等教育的不足，但这些不足很快被新兴的私立高校所填补。在随后十多年的俄罗斯化的进程中，一些文化、语言和宗教团体不断强调其身份特征，私立高等教育在其中起到了催化剂的作用。目前，乌克兰教育部估计乌克兰私立高校占全国教育机构的 6%。

过去 10 年间，乌克兰私立高等教育经历了以下几个发展阶段：第一批私立高校出现于 1991—1992 年，随后两年私立高校的数量迅猛增长；1995—1996 年，私立高校国家认证制度颁布；1997—2000 年，一些私立高校获得国家承认，并颁发第一批学位证书。

乌克兰大部分私立高校采取"定位"战略，它们将政策定位于教育市场中一小批相对稳定但得不到充分服务的群体。公立高校和私立高校往往会在范围窄但赢利高的专业（如法律、经济和管理）上出现矛盾冲突。

一 治 理

在乌克兰，建立高校的法律制度纷繁复杂。公立高校和私立高校被区别对待，不能做到一视同仁。例如，法律认为私立高校属商业性质，与公立高校不同，应由商业法律而非教育法律所管辖。关于私立高校的政策主要参见两大法律文件——《高等教育法律草案》和《21 世纪乌克兰教育发展国家新政草案》。但自 2001 年末起，这两大法律文件一直在讨论中，目前尚未得到乌克兰政府的通过。

二　经费来源

乌克兰私立高校的经费来源比较复杂，是私立高等教育的一个重要问题。学费是私立高校主要的经济来源，与此同时，一些高校还尽力争取当地政府的资金支持。还有一些高校从私立或国有企业获得经费资助。

三　许可和认证

乌克兰高校体系中的重大变化之一是国家许可与认证程序。许可是认证的第一步，是国家授予高校暂时运营的权利。1993 年，第一批私立高校获得许可。截至 2000 年 1 月，乌克兰共有 138 家高校获得许可。

认证程序中最困难的不在于复杂的过程，而是国家认证委员会（SAC）所规定的一系列严格的、定量化的认证要求，因为这些要求是大部分新兴私立高校所难以达到的。在制订这些无法企及的认证标准时，国家认证委员会并非有意破坏乌克兰高等教育体系，或者关闭大量私立高校。但是，认证委员会明显是在采用正式的官僚主义政策来处理认证主体和高校之间的非正式关系。

乌克兰很多观察家认为，认证过程与现实脱离，体现了组织和专业上的无能。正如一名乌克兰学者所言："一所美国的大学，即便拥有赢得诺贝尔奖金的师资力量，到了乌克兰也无法取得办学资质，当然除非是贿赂。要在乌克兰获得办学认证，只能是白日做梦。"

四　乌克兰高等教育的未来

乌克兰私立高等教育未来的发展方向难以预料，关键取决于尚在讨论之中的政府和立法机构的决策。2002 年春，乌克兰选举产生新一届的议会，私立高等教育的前景将发生翻天覆地的变化，无论是扩大还是紧缩，都不可能沿着当前的发展轨迹。

对全国私立高等教育界的领导们所做的一项抽样调查显示，鉴于人口统计趋势，他们对未来发展前景持悲观态度。由于人口出生率持续降低，到 2010 年的未来 10 年，可能会出现生源减少的现象，这将大大影响乌克兰的教育体制。这一状况最早出现于 20 世纪 80 年代后期，起因是切尔诺贝利核泄露和苏联改革所带来的经济不稳定。到了 90 年代，由于人口减少，乌克兰大部分幼儿园关闭，现在，中学也开始岌岌可危。当这轮灾难波及高等教育界时，入学需求将大幅减少，高校之间的竞争也将达到新的高峰。根据乌克兰教育部的数据，假设 2002 年高等教育需求指数为 1，到 2007 年将降低至 0.86，2012 年和 2013 年则分别降至 0.64 和 0.61。

　　未来 10 年，估计乌克兰私立高等教育将出现分化。20% 的私立高校拥有稳定的市场地位，继续生存下去，而剩下 80% 的高校可能并入其他更大的私立高校或公立高校，或者面临关门的境地。

　　　　　　　　　　　　　　　　　　（2002 年秋）

　　　　　　　　　　　　（胡六月译，王一涛、徐绪卿审校）

遭遇腐败：乌克兰私立高等教育

约瑟夫·斯特塔、欧勒科斯夫·潘尼其、陈斌

在一次访谈中，一位乌克兰顶尖的国立大学的副校长谈到，人们对一些诸如升学、通过考试，或者得到推荐名额的贿赂行为的指控，被误导为这些行为只不过是"道德缺失，行为不当"。而其他一些乌克兰大学教师则含糊其词地声称，他们没有见到有人贿赂。虽说贿赂并不存在于整个乌克兰高等教育，但是这些指控却接连不断。既然约175所私立大学已经达到某些级别的认证，那么，正确理解由腐败而引起的私立高等教育所面临的挑战是非常重要的。

一　准入和认证

腐败的主要区域似乎以教育部为中心，因为大型的国立大学掌握着准入和认证的权利。在我们2004年春天的访谈研究中，有43名来自李沃夫、敖德萨、哈尔科夫、顿涅茨克以及基辅的私立大学的校长、副校长和管理人员参加。他们坚持认为，成功的认证或者许可申请，除少数情况外，需要一些形式的贿赂。只要私立大学有准入许可的需求，那么，这些大学就需要200美元的贿赂金，相当于一位大学老师两个月的薪水。但如果是认证的话，就需要10倍乃至20倍之多的"打点费"了。

显然，乌克兰高等教育已经受贿赂的日渐腐蚀。一小部分教育领导者，私立部分也好，公立部分也好，开始质疑和挑战现存体制。然而，私立高等教育的领导者普遍认为，贿赂风气已经在整个社会根深蒂固，高等教育领域也不可避免，贿赂金已经成为私立大学获得准入和认证成本的一部分。沃德萨一所私立大学的校长，代表了私立高等教育的领导者，在我

们的访谈中发表评论认为，假如美国的大学，获得过诺贝尔奖，具备良好的师资，决定把教育基地转移至乌克兰，它也不能获得许可（当然是指在不行贿的前提下）。要获得认证，更只能是一个梦想。

二 师生角度

为了深入了解其他地区私立高等教育内部的腐败问题，我们实施了访谈研究，对同样来自5所大学的77名教师和239名学生开展访谈。我们曾在2004年对这些大学的校长和其他管理人员进行访谈。为得到师生们可信度较高的回答，我们向他们保证了研究材料的机密性。

这些学校的老师和学生，除少数之外，都对学界腐败有共同的认识。例如，超过80%的师生认为，为高分进行钱财交易是不对的。同样，也不能为提高入学分数而进行钱财交易。师生观点更加一致的是，比如学生为得到一个大学宿舍的位置，超过官方设定的标准而付费是否恰当；老师用性关系来出卖一个好成绩是否应该；还有学生被要求对从图书馆所借的书付费是否合理。对于这些情况，95%以上的学生都认为是不能接受的。师生们大部分能接受这样一些行为：教授私下为学生在正常学时之外进行课外补习，而要求学生买他们的书，并提供购买证明等。

三 师生经历

在师生们观点较为一致的回答中，我们可以看出他们对于腐败的一些直接体验。超过90%的学生和超过95%的教师报告说，他们所在学校既没有经历也没有了解到一起为入学高分或考试高分而进行的贿赂事件。同样，也没有来自师生的报告说，为得到学生宿舍的一个位置而进行的贿赂，或者是学生为图书馆借书向管理员付费。当然，也没有数据显示有任何师生之间为获得好分数而进行性贿赂交易。尽管我们也承认，那样的数据，尤其是后者，往往是最难得到的数据。

对于什么是"机智的腐败"，师生之间也较少差异。例如，约10%的学生承认，他们或者自己给老师付费，或者是个人了解到，学生在课外得到老师的帮助而付给老师报酬。同样，12%的教师承认，他们或者是了解到一些课外补课而得到报酬。大约同样比例的师生报告，他们从个人经历或者侧面了解到，学生被要求购买自己的老师所写的书，并提供购买证明。

虽然我们的样本很小，所调查的私立大学也要努力显示自己是"没有腐败的大学"，但是，这些数据说明，这 5 所大学已经养成了一种学院文化，师生们都能认识到是什么造成了腐败，他们都能够创造相对"干净"的大学，特别是与那些来自其他前共和国国家的研究报告显示的情况相比（见《国际高等教育》，第 37 期，2004 年秋）。我们对这些院校领导的访谈也说明，他们对催生腐败的条件和环境有着清醒的认识，他们决心根除这类瓦解大学健康发展的腐败。

对于我们的研究结果是否适用于其他乌克兰私立大学还不清楚，早期的研究所收集到的数据表明，相当数量的院校，受到利益驱动，拒绝对学校的情况公开透明，对于大学健康发展非常漠然。然而，我们的这组最初的数据似乎显示，假如他们把大学健康发展作为学院文化的基石，私立大学就能够创造出一种与包括苏联高等教育的腐败在内的恶行作斗争的氛围。

（2005 年冬）

（胡建伟译，徐绪卿审校）

第五编

拉丁美洲

私立研究中心：拉美高等教育发展现状和变化

丹尼尔·C. 列维

有关高等教育体系的著作以及相关文章较少讨论那些非教学科研结合型的大学。学者们也较少关注那些主要从事科研而教学量不多的研究所。然而，在世界上大部分地区，研究所的数量越来越多，并呈现出上升态势。

研究所之所以不受学者重视，与人们对研究型大学的盲目崇拜有关。很多人认为研究型大学是高等教育的典范，国家的一些法律强化了人们对研究型大学的崇拜，国际机构在项目援助方面也强化了人们对研究型大学的迷信。然而，人们对研究型大学的崇拜是不对的。研究型大学虽然在一定程度上反映了高等教育所处的大环境以及高等教育所要达到的目标，但它并不能代表高等教育的全部内涵。纵观古今，就数量来说，研究型大学并不是很多，更何况其中还有假冒者——他们自称从事研究工作，而实际并非如此（或者说他们的科研达不到基本的标准）。即便在美国和德国，像洪堡大学那样著名的研究型大学，也只不过是高等教育诸多办学形式中的一种而已。即使在今天，研究型大学也和私营企业的研发部门、公共研究中心及私营的智库等研发组织共同承担着科学研究的任务。

在拉美，科学研究的重要成就往往出现在大学象牙塔之外。私立研究中心（PRC）引领了社会和政策领域的研究热点。私立研究中心从法律上看属于私人学术机构，自我经营，独立工作，也不分配利润，通常在财务运作和内部管理方面表现卓著。除了私立研究中心，还有规模较大的跨国研究中心、公共研究中心、挂靠在大型私营企业的研究中心以及大学内部不参与教学的研究机构。

拉美著名的研究中心有巴西的 IUPER、智利的 CIEPLAN 和秘鲁的 GRADE 等。私立研究中心与公立大学相比，发展更成熟，成果更丰富，也更具影响力。尽管它们规模较小，但拥有精英人才，特别是拥有领军人物。与松散的公立学术机构不同的是，这些私立研究中心致力于科学研究，也致力于加强与区域社会问题的联系。尽管大多数私立研究中心并不开展研究生教育，但开展研究生教育的私立研究中心往往规模较大，且他们所提供的研究生教育往往也是一流的。

私立研究中心的出现证明了研究机构可以比一般的学术机构承载更多的功能。在社会经济领域，私立研究中心通过自己的研究向政府提供对策建议，有时直接为政府设计相关政策。一些私立研究中心直接为商业组织服务，也有一些私立研究中心在知识传授、人员培训、信息咨询等方面为非营利组织的发展作出了巨大贡献，有利于第三部门（非营利性部门）的成长和壮大，第三部门为社会提供了第一部门（公共部门）和第二部门（营利部门）之外的第三种选择。事实上，许多非营利性组织同时也是私立研究中心或社会活动机构。在规划政策过程中，私立研究中心扮演了具有政治功能的智囊团的角色。毫无疑问，私立研究中心推动了社会的民主化进程，它反对独裁的政治体制，主张与民主力量合作。知识分子和大学生的领导角色在拉丁美洲由来已久，许多私立研究中心也秉承了这一点，认为知识分子和大学精英应该具备国家意识。

在以往一些关于比较高等教育和第三世界研究能力的文献中，都认为私立研究中心是失败的，但私立研究中心取得的巨大成功证明了以往的研究结论是错误的。私立研究中心发展迅速，灵活性增强。它对许多领域的问题开展了研究，对财务问题及与财务相配套的管理问题的研究、对不同政治体制下有关宏观政治问题的讨论以及对于内部管理的微观政治问题的分析，都很有成效，这一切使它赞誉不断。私立研究中心的成功是名副其实的，但是它也有许多先天不足，如许多私立研究中心缺乏自身力量、依赖其他组织和机构以及学术能力还不强等。这一切都使它不足以取代优秀的研究型大学。在某种程度上，它的存在还妨碍了研究型大学的发展。

私立研究中心并非在所有国家都是主要研究力量，也并不是在所有社会研究领域中都作出了突出的贡献，但拉丁美洲只有两个国家的私立研究中心在社会科学研究领域中力量不如大学。各国私立研究中心承担的研究范围可分为以下三类：一是对几乎所有的社会领域进行研究；二是对社会影响较大的领域进行研究；三是由私立研究中心和大学共同承担研究工作。因此，关注私立研究中心就是关注高等教育的重要组成部分，人们也因此获得一个新的视角——为什么私立研究中心可以成为继大学研究中心之后又一股不可小觑的研究力量。

（1996 年 7 月）

（胡建伟译，徐绪卿、王一涛审校）

毕达哥拉斯学院：新的凤凰城大学诞生

——巴西私立高等教育的兴起

克劳迪奥·德·莫拉·卡斯特罗

近 3/4 的巴西高等教育是私立高等教育，它们由不同文化背景的、具有历史沿袭的团体组织构成。最早的私立大学是一些风格保守的宗教学院。新建的私立大学包括一些由商人举办的营利性大学，商人们只关心如何通过教育来赚钱，对教育的其他方面漠不关心。近几年来，巴西出现了第三种新的办学模式，这种办学模式虽然也受利益驱动，但在学校管理方面更专业。这些学校的创办者知道，提供优质的教育比提供劣质的教育能够得到更多的回报。有一些新模式的学院起步于考试辅导机构，它们旨在帮助考生考入精英大学。这些助考机构的竞争非常激烈，而且它们所提供的教育服务的质量很容易被评价，学生的学业成绩[①]就是很好的评价指标。所以，要在竞争中立足，就必须给学生提供更好的教学服务，并尽量收取较低的学费。在此背景下，一些课程日益获得成功，而课程开发者也逐渐在多个校区开展课程项目。其中最优秀的课程开发者投身到 K—12 教育[②]，又陆续进入高等教育领域。具有 35 年办学历史的毕达哥拉斯学校就是这类学校的佼佼者，无论在助考课程方面，还是在基础教育方面，它都堪称优秀。目前其在校生人数已达23000 人。20 年前，它开始在海外发展，目前有 5 所日本分校，主要满足在日本工作的巴西人的学习需求。毕达哥拉斯学校也采用加盟的方式办学，当前有 260 所分校。不过由于种种原因，毕达哥拉斯学校延缓了

---

① 有多少学生通过了大学入学考试。
② 国际上对基础教育的统称，指幼儿园到高中 12 年的教育。

进入高等教育领域的步伐。3 年前，毕达哥拉斯学校请笔者设计有关项目，帮助它进入高等教育领域。在项目的总体框架完成后，它很有兴趣与新的合作伙伴阿波罗集团旗下的阿波罗国际集团合作，开拓巴西的教育市场，以此作为国际化发展的重要步骤。事实上，毕达哥拉斯学校和阿波罗集团有很多共同之处，比如管理的专业化、具备较高的创新性、质量监控的有效性以及熟悉多校区课程项目的运作等。此外，它们的组织文化也非常相似。由于这些相似性，毕达哥拉斯学院建立起来了，成为毕达哥拉斯集团和阿波罗国际集团的合资学校，两个集团所占的股份相等，教职员工都是巴西人。毕达哥拉斯学院可以自由使用两个母集团的核心技术和管理方法。不过，毕达哥拉斯学院的整体模式与凤凰城大学还是很不相同的。

凤凰城大学主要满足一些已经获得专科学历的从业人员继续教育的需求，这些人员尽管有能力就读公立学校，但那些学校满足不了他们的学习需求。公立学校课程的理论性太强，与工作的关联度不高，课程设置刻板僵化，缺少趣味性。凤凰城大学最具创新性的特点包括：减少面授时间，实行小班化教学，开展小组讨论活动，聘请业界人士担任教师，开设应用性的课程，开展先进的商务实践，等等。学生一次接受一门课的学习，学习时间是 5—6 周。

毕达哥拉斯的目标群体是社会地位较高的年轻人[①]，它还不能跟办学成本高却免除学费的公立大学相竞争。那些公立大学可以吸引到最优秀的学生，毕达哥拉斯学院只能设法争取到次优的学生。为了吸引次优学生，毕达哥拉斯学院面临着激烈的竞争，它需要提高教学质量并尽量减少学费。它延续了两大母体组织的传统，不办小规模的学校，而是致力于办大规模的学校。在接下来的几年中，毕达哥拉斯学院计划要开拓50 个校区，或到拉美其他国家开拓市场。目前，毕达哥拉斯学院提供四年制的商科学士学位课程，2001 年 8 月已经开课。

毕达哥拉斯学院的课程与巴西传统的教育理念格格不入。从课程内容来说，它与法国的职业课程模式较为接近，这种模式已经被巴西的很多学院所借鉴。事实上，它借鉴了美国传统的人文教育理念，第一、第

---

① 许多学生已经工作，这种情况在巴西是非常普遍的。

二学年开设学科宽泛的课程，包括物理科学和人文科学①，课程设置非常重视基本技能②的培养。与拉丁美洲传统形成鲜明对比的是，专业化的课程训练强度降低，并且安排在后两个学年。这也是巴西教育部首次允许学生推迟对"专业"的选择。

　　然而，毕达哥拉斯学院与美国高校的人文教育又有许多不同，它在前两个学年不提供选修课，至少目前是如此。这样既节约了成本，又能在宏观课程框架下，结合不同的科目，实施更有效的课程计划。例如，数学课结合经济学案例，学生使用电子数据表来处理所有实际问题；英语和西班牙语课程也与其他课程结合，要求学生必须阅读一些与这些课程相关的英文和西班牙语读物。

　　更重要的是，美国的人文教育对教师的业务能力和工作主动性要求很高，这对美国这样一个并不缺乏博士的国家来说是非常合适的。巴西的两个城市——贝洛奥里藏特和库里提巴，也按照美国模式开展人文教育。毕达哥拉斯学院虽然也不缺乏高质量师资，但一旦课程项目在小地方或欠发达地区实施，师资力量就会立刻成为瓶颈。为了解决这个难题，毕达哥拉斯学院只好求助两个母体组织，采取模式化的，与母体组织高度统一的课程模式。课程实施前对教学内容作出详尽的安排，类似于开放大学的教学安排。每个学期的教学内容、教学过程以及教学评价等都有清晰的描述。每门课程都有集中的教学计划，邀请知名学者参与课程大纲的设计并提出要求学生阅读的文献。大纲、计划的具体安排由经过专业培训的本校教师完成。

　　学生除了上课，还需要进入虚拟课堂上课，学习网络课程。这样的授课是基于两方面的考虑：一是课程本身的内在价值值得学习；二是通过网络课程的学习可提高学生使用计算机的水平。

　　课堂教学设计也借鉴凤凰城大学，同时按照巴西的相关法律条文作出调整。比如，法律规定，必须保证学生每周有 20 小时的面授时间。四门课程同时进行，每周每门课都有一堂专门的面授课，授课班级规模为 100 个学生。大班授课之后是小班讨论，每个讨论组是 25 个学生。

---

　　① 　非常重视经典著作阅读。
　　② 　阅读、写作、口头表达、外语、计算机能力以及应用数学。

然后，100 个学生分成 5 组，每个小组完成一定的作业和实践项目。因为许多夜校学生没有空闲时间，所以一般利用课堂时间阅读课程材料，星期五则对一周的功课进行测试和评价。

教师根据自身的意愿选择是否接受新的教学模式，教师一旦接受，学校便对教师进行为期两周的培训，培训内容为相关课程的专业知识和教学方法。学院一开始曾担心过于集中的课程大纲和烦琐的教学策略可能会吓跑不少教师，但这样的事情终未发生。教师们并不愿意花大量的时间独自备课，然后反复讲授同样的课，他们更愿意花费大量的时间和学生讨论，然后在学生的建议和想法基础上完善课程。他们开展生动的应用性项目，进行有趣的案例分析，开展优质的课程项目，让学生以小组为单位共同完成。[①] 这样做的结果是学生进步很快。他们以积极的态度面对课堂改革，作为一所新的大学，毕达哥拉斯学院与传统大学截然不同的面貌是吸引来自贝洛奥里藏特学生的最重要因素。

尽管如此，毕达哥拉斯学院的发展依然面临挑战。比如，在那些还不太熟悉毕达哥拉斯学院的地区，是否有足够的学生报考该学院？毕达哥拉斯学院如何应对竞争激烈的教育市场，40% 的求学者都希望进入商务管理专业学习，学院能否满足他们的要求？学生是否愿意阅读经典著作，愿意在大学的头两年学习物理等理论课程，而其他学校的学生已经在学习财务管理的知识了？到目前为止，学生都能接受通识教育的理念，但如果学校的办学水平一旦下降，情形可能就不同了。毕达哥拉斯学院教学方法的设计将弥补师资水平的不足，尽管其目前师资水平还算理想，但严峻的考验也才刚刚开始。

毕达哥拉斯学院目前采取的发展模式，使得其前期投资数额巨大。要达到收支平衡，就必须扩大办学规模，在多个校区复制该模式。而该模式是否适用完全不同于贝洛奥里藏特的办学环境，只能等待时间来证明了。

（2002 年冬）

（胡建伟译，王一涛、徐绪卿审校）

---

① 好的想法逐步形成和汇总，然后被置于教案的首页。

关注学术的私立高等教育：
智利的新例外论

安德鲁斯·伯纳斯科尼

　　智利高等教育从以公立教育为主导，向以私立教育为主导且以市场为导向的发展方面起步较早，在世界上具有典型性。智利的高等教育日益向私有化发展，政府对学校的管制越来越少，各院校间的竞争也越来越激烈。1981 年第一所私立学校获得办学许可，当时的认证制度还非常宽松。由于1981—1990 年间政府对公立大学的资金投入下降了 40%，公立大学①必须收取学费以及开展其他有助于增加财政收入的工作，于是，公共资金分配的竞争也愈来愈激烈。

　　智利高等教育改革 20 年之后，"私有化"成为显著特征。私立大学占整个高等教育的 93%，私立大学在校生占全部高校在校生人数的71%。非公共资金来源达到整个高等教育资金投入的 3/4。这些数据表明，智利在私立高等教育规模方面位于世界的前列。智利模式不仅在拉丁美洲受人称道，甚至受到世界银行的称赞。

　　就在 20 年前，智利公立和私立高等教育的同一性，使得智利与拉丁美洲其他国家格格不入。而今天，智利高等教育呈现出令人瞩目的特点，使拉丁美洲其他国家和其他地区的发展中国家的私立高等教育黯然失色。最重要的是，真正的教学科研工作在新的私立大学中逐步发展起来。

---

　　① 包括在改革措施出台之前就已经建立的隶属于公立大学的私立大学。

一　私立大学的旧有模式

智利私立高等教育现状与人们对拉丁美洲高等教育的研究结果是一致的。全球的私立高等教育显示，急剧增长的私立高等教育还达不到传统意义上大学的学术标准。教师多为兼职，且资质不足。办学准入门槛低，学校升格的标准低，基础设施匮乏，图书馆资源不足，专业集中于低成本的办学领域。

与公立大学相比较，智利私立大学作为大学的功能相对较弱，教学和培训是它们的主要工作。新建的私立大学中没有研究型大学，甚至在几年后也不会有这类大学出现。在内部管理方面，智利私立大学的等级性很强，行政管理高度集中，而民主化管理较少。在那些只承担教学功能的私立大学中，管理权力最为集中，因为在这些大学中全职教师的数量很少，无法从管理层中分享管理权力，也无法起到支持院系领导的作用。

二　不仅是文凭工厂

新的私立大学诞生 20 年以来，一些私立大学已经具有用于教学的附属医学院，已经能够开设自然科学的博士课程，已经拥有法律和商务专业的全职研究员。尽管智利的私立大学像拉丁美洲其他地区的私立大学一样主要依靠兼职教师，但对智利私立大学的调查表明，有 30% 的教授是全职的，或者是半日工作制的，并且这个数据呈持续上升的态势。学费几乎是智利私立大学唯一的资金来源，也由此形成了其特定的师资来源模式。它们在挑选全职教师方面是非常严苛的。实际上，智利的公立大学和私立大学在教师的学历方面是非常接近的，公立高校中具有研究生学历的教师占教师总数的 34%，而私立高校中具有研究生学历的教师占教师总数的 28%。

尽管许多私立大学办学仍然施行文凭加工厂的模式，但已有不少私立大学能够将营利的诉求与理性的学术追求结合起来，当然，这种学术追求不会是主要的方面。那些具有真正学术影响力的私立大学会让那些曾反对私立大学和私有化的人有所反思。

　　同样令人赞叹的是私立大学利用有限的经费就获得了较高的学术能力，它们的经费主要来自学费以及其他的非公共经费渠道，它们的成功也挑战了国际上通行的经验，即公共资金对于"高层次"的学术研究、研究生教育以及其他的公共产品都是不可或缺的。当然，公共资金的作用是不可抹杀的，即便在智利也是如此。由公共资金支持的大学各方面运行良好，但即使没有这些公共资金补贴，学校也依然可以大有所为。

　　智利私立大学的办学特点与世界上大多数私立大学一致。正如文献所述，私立大学存在办学目标比较狭窄、大学的功能体现不足、受教育面小、民主管理欠缺、问责轻以及资金缺乏等问题，但它们绝不是附属于公立大学的边缘性的办学机构。无论从大学排名还是从学生的考试成绩来看，一些私立大学的社会声誉甚至已经超越了公立大学，足以与那些较有影响的公立大学竞争。

　　许多私立大学已经成为公立大学学习的典范。公立大学不仅仅要在财务方面向私立大学学习，更要学习私立大学最有特色的三点：内部管理、兼职师资的合理利用以及充分的薪金激励机制。

　　从政策层面来看，近20年来对学术的重视有力地推动了智利高等教育中科学研究和研究生教育的发展。与此同时，高等教育体制改革受到私立高等教育发展的推动。近15年来，高校招生人数翻了一番，私立高等教育已经成为高等教育的主导，大学的架构、招生和资金方面都体现了浓重的私有性质。一般认为，公共产品的数量和质量会随着私有化和市场竞争的发展而下降，但智利私立大学的发展为此提供了一个反例。智利政府所制定的教育政策与其整体的经济政策一致，在私立大学的发展中也发挥了应有的作用。智利政府拨给各个学校的科研经费，都是经过相互竞争、同行审查之后确定的，科研经费的数量自20世纪80年代早期算起至今增长了4倍之多。研究生教育的认证是按照严格的标准来进行的，师资水平和科研产出也会影响学校所能获得的科研经费。总的来说，不管智利模式多么与众不同，其经验表明，私有化和市场竞争并非必然导致学术水平下降；相反，在一定条件下，还能促进科学研究的繁荣。

（2003 年夏）

（胡建伟译，徐绪卿、王一涛审校）

认识墨西哥私立高等
教育的不同类型

胡安·卡洛斯·赛拉斯

墨西哥私立高等教育发展速度惊人。据 2003—2004 年的数据显示，墨西哥私立高校注册学生人数为 646000 人，占注册总人数的 33.1%。过去 20 多年间，私立高等教育增长了约 15%，但从私立高校目前所获得的许可和认证的种类来看，不同类型的私立高等教育发展并不平衡。

一 需求满足型高校

需求满足型高校发展速度最快。20 世纪 80 年代，丹尼尔·C. 列维首次对墨西哥私立高等教育进行分类时，这一趋势尚不明显。此类高校大都学费低廉，提供的本科教育往往与服务性行业相关，比如会计、市场营销和商务，教育质量不高。公办高校虽然扩招，但入学名额仍然有限。因此，需求满足型高校为无法考入公办高校的低收入学生提供了入学机会。目前，超过 30 万名学生就读于此类学校。

需求满足型高校发展迅速，这是一把双刃剑：一方面，这些学校为社会地位不高的学生提供文凭，帮助他们进入就业市场，提高社会经济地位；另一方面，在世人眼中，这些学校教育质量不高，学生毕业后也许无法从事他们所梦想的职业。在拉丁美洲地区，需求满足型高校的发展模式最早兴起于巴西，现在，这种发展模式在拉丁美洲甚至在全世界都很常见。不过，过去 20 多年间，精英高校在墨西哥私立高等教育中占据了主导地位，目前依然非常重要。这些精英学校吸引了优秀考生，尤其是具有特权背景或者毕业于一流中学的考生。一些精英学校覆盖地域广，同时增加了科研和研究生教育，因此得到了极大的发展。而宗教型高校走上了两种不同的发展轨道，有一些学校关注大城市里中等收入和具有传统价值观的家庭，[①] 而另一些学校则仿效精英大学和世俗大学。

二　许可和认证体系

区分高校办学许可和办学认证（或者个别专业的认证）很有必要。从法律上来说，私立高校只需遵守墨西哥教育部的规定，但是现在办学认证变得越来越重要，这体现了教育的严肃性，也是在高等教育领域获得合法性的一种方式。很多高校认为，通过认证程序能为自己加分，但并非每所学校都感兴趣。花费时间和精力去获得认证，这对精英高校并不算什么，但对需求满足型高校来说是个头疼的问题。

为此，我们需要分析一下墨西哥的四种认证模式，前三类涉及学校，第四类与学术化的专业有关。第一类是获得国际认证，例如南部学校和学院协会（SACS）授权的认证，目前墨西哥有 4 所精英私立学校获得了该认证；第二类是加入全国高等教育学校和机构联合会（ANUIES），只有 22 所私立高校是该联合会的成员；第三类是加入墨西哥优秀教育机构联盟（FIMPES），目前有 77 所私立学校加入，其中一些是只培养研究生的院校和只进行师范教育的院校；第四类是具备专业认证资格的认证机构，这些机构有 15 家，"优秀教育认证咨询机构"正式承认它们具有专业认证资质。目前有 32 家私立高校至少具备一种认证专业。ANUIES 和 FIMPES 并非正式的授权机构，由于加入这两大机构的高校需要展示学术、师资和设备方面的实力，因此，加入这两个组织在一定程度上类似于经过了认证。

三　三层分类法

以是否经过认证为标准对墨西哥的私立高校进行分类，有助于认识墨西哥私立高等教育的多样性。可以将墨西哥的私立高校分成三类，即

---

① 从某种意义上，成为了"定向学校"。

学术完备型高校、学术改善型高校和根本无意改善教育质量的高校：第一类是至少经过两种认证的高端学校；第二类是经过一种认证模式的中端学校；第三类是只有办学许可证而没有经过认证的低端学校。第一类学校基本上是精英学校，而第三类学校类似于以满足需求为导向的学校。以前的二元分类法仅仅区别了第一类和第三类学校，现在的三层分类法则凸显了中端学校的混合地位。

在 2002/2003 学年，28 家高端高校共招生 23 万人，占私立高校招生总数的 37%；63 家中端高校共招生 89000 人，占私立高校招生总数的 14.3%；643 家低端高校共招生 302000 人，占私立高校招生总数的 48.7%。这些数据表明，非精英学校致力于改善教学质量，提高学校地位，与原先人们的看法并不相同。不过大部分低端学校由于财政收入主要依赖学费，目前无意于提高办学水平。

这种分类法建立在墨西哥院校认证的数据基础上，因此，中高端学校的数量增长取决于认证程序，自然也取决于非精英学校提高学术水平的积极性和主观意愿。很明显，墨西哥私立高等教育类型多样，低端或需求满足型学校数量众多，正在不断地发展变化。这一状况不局限于墨西哥，大部分拉丁美洲国家也是如此。

（2005 年夏）

（胡六月译，王一涛、徐绪卿审校）

新的私立—公立动力：
乌拉圭的研究生教育

乌拉圭是拉美最后一个批准私立高等学校的国家。尽管乌拉圭已有的法规政策和经费分配限制了公立和私立学校之间的竞争，不过这一切正在改变，研究生教育便是新的竞争焦点。

一　新兴的私立高等教育

1985 年，乌拉圭政府批准成立天主教大学，从此，私立高等教育获得了合法地位。10 年之后，乌拉圭通过一项新的法规，开启了私立教育发展的新道路。

自 1995 年以来，已有 17 所私立高校获得政府认可。过去 10 年间，私立高校迅速发展，目前可提供本科及研究生专业达 98 个。乌拉圭私立高校招生人数达到全国高等教育招生总数的 12%，这一数据远低于智利、巴西等其他拉丁美洲国家，这些国家私立高校的招生比例已经超过一半。

历史悠久的共和国大学是乌拉圭唯一的公立大学。它实行宽松的入学政策，而且不收取学费。因此，私立高校难以吸引学生，尤其是来自中低收入家庭的学生。这种教育体制内的差异，仅就费用而言，私立高校在本科阶段就无法做到与公立高校相竞争。

二 研究生教育

乌拉圭私立高校自成立之初，便注重发展研究生教育，这与拉丁美洲其他国家的私立高校初期只强调本科生教育截然不同。乌拉圭私立高校的领导们认为，研究生教育能够在与公立高校的竞争中获胜。

共和国大学延续了拉丁美洲很多公立高校的拿破仑模式，其主要特点是将学校分成专业化的学院，提供五年制或六年制的专业（医学专业为七年）。在这一模式下，研究生教育只能局限于几个专业内，如医学和基础科学。2001年，共和国大学重新规划研究生教育，引入了新的教育政策，即对专业学位研究生收取学费。这一政策与阿根廷公立高校非常相似，它们只向研究生收取学费，不收取本科生的学费。由于乌拉圭公立大学的博士研究生和学术学位硕士研究生都免收学费，所以专业学位硕士研究生教育就成为新的公、私立高校竞争的焦点。

拉丁美洲私立高校自成立之初就走上了一条不同的发展道路。它们的本科专业模仿美国模式，除了法学，大多为四年制，学校重点发展满足市场需求的专业，如工商管理、计算机科学，研究生阶段的专业与此类似。另外，教育学和心理学专业由于公立高校无法发展，也成为私立高校招生的重要领域。整个拉丁美洲地区的私立高等教育都呈现如此特点，乌拉圭也是如此，只不过乌拉圭的私立高等教育起步较晚。

过去10年中，乌拉圭公立和私立高校的研究生教育发展迅速。2002年，1354名学生被录取为研究生，其中32%进入了私立高校学习；同年，私立高校研究生人数占全部研究生人数的35%。很明显，私立高校录取研究生的比重远远超过了其录取本科生的比重。

在研究生阶段的专业设置方面，共和国大学提供了81%的专业的研究生教育，公立高校所占的比重偏高主要在于健康科学，它们在医学和护理学方面提供了86种专业。除了医学和护理专业之外，私立高校提供了34%的专业的研究生教育。

在博士生教育阶段，只有公立高校的博士专业才是获得授权认证的，但私立高校正在与国际大学合作，共同发展博士专业，其中一些专业正在通过官方审查。在硕士生教育阶段，私立高校的学位数量超过 33%。

三　新的私立—公立动力

乌拉圭高校在专业学位研究生教育及学费收入方面的竞争日趋激烈，私立—公立的关系正在发生变化，最显著的例子是工商管理专业（包括 MBA）。2002 年，私立高校招收的工商管理专业研究生占 54%。公立高校的竞争压力不仅来自私立高校，还来自国外大学和远程教育。

传统公立高校迫于私立高校的压力，不得不采取一些市场化的策略。长期以来，公立高校的经费完全由政府财政拨款，学生免费入学。当一些领域（如专业学位研究生教育）面临着来自私立高校的竞争时，它们需要改变长久以来的组织结构和运营策略。

为了应对私立高校的竞争，公立高校开始进行广告宣传，并且开始招聘国际化的师资。一所垄断长达 150 年的高校开展广告宣传活动，是一件很新鲜的事情。过去的三年中，公立高校一直在媒体上刊登价格不菲的招生广告。此外，公立高校为提高专业质量，还招聘国际化的教授，其实部分私立大学早有此举。

除了这些公开化的竞争，公立高校还推动政府管理机构提高对私立高校研究生教育的审查标准，以此提高它们的学费。不过，新的标准在提高学费的同时，也改善了私立高校的教学质量，强化了它们的办学合法性，增强了对考生的吸引力。考生已经成为公立高校和私立高校都想争取的宝贵资源。

四　结论

对私立高等教育的研究表明，公立教育的缺陷推动了私立教育的发展，而私立教育的发展带动了教育的多样化。在乌拉圭，私立高校抓住公立高校在进行专业学位研究生教育方面的缺陷，在公立高校向专业学位研究生收取学费时，发起了对公立高校的竞争。在开放竞争的环境下，公立高校受市场压力所迫，采取了与私立高校相似的策略和行动，以吸引学生报考。

公立高校完全由政府拨款资助，而私立高校却自筹经费，这一体系的二元性削弱了私立高等教育在一些领域的影响，如本科生教育、学术学位研究生教育（与专业学位研究生教育相反），尤其是博士研究生教育。

拉丁美洲各国的私立教育发展各不相同，乌拉圭的发展之路与阿根廷等国较为相似，即公立高校占主导地位，在研究生教育等局部领域，公立高校和私立高校存在一定程度的竞争。然而，随着私立高校招生数量的增长和公立高校开始采取一些市场化的举措，两者将展开新一轮的竞争。

（2005 年秋）

（胡六月译，王一涛、徐绪卿审校）

乌拉圭私立高等教育的障碍

沃伦·罗安

乌拉圭共和国是南美共同市场（MERCO – SUR）的行政中心，该组织是南美的经济联盟，由阿根廷、巴西、乌拉圭和巴拉圭四国组成。由于对大学的目的争论不休，乌拉圭唯一的公立大学陷入瘫痪，在此形势下，这个人口仅 300 万的小国若要担当行政中心的角色，需要做好人才储备。乌拉圭于 1985 年才开始尝试高等教育的私有化，目前教育部正考虑承认 30 多所私立高校的合法地位。这些高校建校基础不同，所提供的课程也各种各样，已占全国每年学位颁发量的 10%。

天主教大学是第一所得到官方承认的私立高校，它由耶稣会延伸而来。还有一些高校，如 ORT 大学，以技术类专业作为立校之本。此外，有的教师对公立高校不满，在享有公立高校终生职位的同时在私立高校兼职，也导致了某些私立高校的兴起。不过，这些新兴的高校大都关注于某些学科领域，如计算机科学、工商管理硕士，它们寻求官方承认只为保证毕业生的就业前景。在西班牙、智利和阿根廷，私立高校也开设发展类似的专业。

在世人眼中，乌拉圭一直是一个现代化的国家，但它的私立高等教育在西半球国家中发展较晚，主要有三大因素：天主教对社会的影响较小、公立教育的质量较高以及国家对私立高校的约束较强。

一 天主教会

与其他拉丁美洲国家相比，乌拉圭受天主教会的影响较小，政教分离是它的传统。历史上，它一直是阿根廷教会的附庸，直到近代，天主教会才开始关注到这个小国，比如，直到 1853 年教会才任命乌拉圭第一任大主教。乌拉圭第一所也是唯一一所天主教大学成立于 1985 年，而其他拉丁美洲国家的天主教大学在西班牙探险者踏上南美土地后不久就成立了。一些学者认为，在独裁时期（1973—1985）创办的天主教大学是为了应对一些特殊利益群体的压力，也是为了回应当时对公立大学的攻击。尽管天主教大学自认为是"公立大学之母"，却直到最近才重获其高等教育的地位。

二　教育质量

乌拉圭人口稀少，民众对公立大学满意度高，抑制了其他形式大学的发展空间，这是私立高等教育的第二大障碍。不过现在，民众对公立学校体系和国立大学教育质量的看法发生了巨大变化。尽管公立大学在历史上占垄断地位，但现在越来越多的学生和家长并不一味追随公立大学，而是开始寻求其他选择。以前，学生为了考入公立大学往往去读公立中学，现在，在乌拉圭首都蒙得维的亚，私立中学的数量已经超过了公立中学，这也预示着高等教育的一大变化。私立高校的学生数量逐年增长，1996 年，ORT 大学和天主教大学这两所私立高校的毕业生数量为 216 人，同年公立大学的毕业生数量为 2724 人。

三　政府管理

私立高等教育的第三大障碍是由政府设置的。公立大学出于嫉妒，一直希望能够保证其在高等教育中的地位。负责中小学师资培训的公立师范学校并不属于高等教育体系，但也一直被公立大学的教育学院视为竞争对象。因此，公立大学反对私立高校的法定地位也就不足为奇了，它们认为，私立高校应该接受自治机构也就是公立大学的监管。

目前，乌拉圭政府通过由 8 名专家组成的特别委员会监管私立大学。在这种监管体制下，公立大学依然获得了对私立大学的控制地位。在委员会的 8 个席位中，公立大学占 3 个，私立大学仅占 2 个，另外三个席位属于政府官员①。表面上，公立大学声称支持健全私立学校监督法，并且做到"不偏不倚"，但实际情况并非如此。教育部部长往往由公立大学前任校长担任，教育部在审批私立学校时设置了各种条件，比如限制外籍教员的数量和各种专业性院校等。1995 年，在天主教大学建校十周年之际，全国有 20 所私立学校获得教育部批准，另有 15 所学校正在审批中。而乌拉圭教育部 1997 年的报告显示，只有 2 所私立高校获得办学许可。

四　结论

在阻碍乌拉圭私立高等教育发展的三大因素中，只有政府因素是一成不变的，另外两大因素都发生了变化。天主教会重塑其在教育领域的传统影响；大众对公立教育日益不满，促进了私立高等教育入学人数的持续增长。乌拉圭教育体系已经发生改变，政府应该反思现状，采取措施，使私立高校认证过程非政治化。正如乌拉圭前总统拉卡列所言，政府不应过多插手私立高等教育，政府的监护该终止了。私立高校需要摆脱外部控制，拥有充分的自主权，满足区域经济和社会发展的需求。官僚政治已经阻碍了公立高校的发展，不应再对私立高校施压了。

（2000 年春）

（胡六月译，王一涛、徐绪卿审校）

---

① 他们曾经在国立大学求学或任职。

第六编

中 东

阿拉伯湾的高等教育：
私有化和美国化

詹姆斯·考夫曼

海湾合作委员会（海合会，GCC）包括6个成员国，即科威特、沙特阿拉伯、巴林、卡塔尔、阿拉伯联合酋长国和阿曼，这些国家的高等教育正在经历着惊人的发展，其繁荣景象吸引了其他阿拉伯国家的极大关注。随着 GCC 私营经济的迅速发展，这个地区的私立高等教育在过去的5年间也经历了快速的发展，私立大学数量猛增，因为这些地区需要依靠私立大学来满足人们对高等教育不断增长的需求。这些地区的私立大学一般都采用了美国私立大学的模式。

一 对高等教育的需求猛增

GCC 国家的人口增长很快，平均每年的增长率超过3%，大约60%的人口为16岁以下的青少年。在20世纪90年代中期以前，政府都将注意力和教育资源集中在初级和中等教育上，因为该时期初级和中等教育的学龄儿童非常多。大学毕业生的培养还不那么迫切。长期以来，这些国家已经习惯了从国外引进各类专家，以完成国内的技术和管理任务，当然，这样做的代价是很高的。的确，海湾国家很少有大学超过30年的历史。巴林和阿曼两国在17年前才建立了公立大学。20世纪90年代中期海湾国家有大量的中学生毕业，这些毕业生需要接受大学教育，政府才发现现有的大学已经很难满足中学毕业生进一步求学的需求了。

海湾国家过去30年以来一直在寻求快速的现代化发展，女性接受教育已经成为这些国家的基本教育政策之一。女性有机会接受教育是现代化的一个显著特点。当然，该地区的女性仍然要恪守穆斯林教条和传统的种族习俗。由于女性很少能获得家族的许可到国外大学求学，所以在当地学习就成为她们的唯一选择。这样，尽管海湾国家有成千上万的男性在国外上大学，部分地减轻了对本地大学的压力，但是国内大学还需要担负起大量女性上大学的重任。总的来看，如今海湾国家约60%的大学毕业生为女性（虽然只有少数女性毕业生进入职场）。大多数海湾国家的公立大学都有性别隔离的现象，因此，这些大学的师资和设施的利用率都很低。

过去两年间世界上所发生的大事（指"9·11"事件。——译者注）给海湾国家的人留下了这样的印象：美国已经不再是一个安全的、受人欢迎的念大学的好去处。申请去美国念大学的 GCC 国家的学生人数大为减少，一些 GCC 国家已经决定将很大一部分原本给予去美国留学的奖学金额度转移至加拿大的留学基金。尽管具体出国留学学生数目还不明确，但是可以确定许多 GCC 国家的学生都是靠奖学金留学或自费留学的，决定留在本国接受西方国家的优质课程，这导致对国内高等教育的需求量越来越大。

最后一个引起高等教育需求爆发性增长的因素是长期生活在 GCC 国家的侨民日益增多。在沙特阿拉伯和科威特，侨民占据一半的人口；在卡塔尔和阿拉伯联合酋长国，非本国公民大约占80%。还有很多暂住在海湾国家的外国人，这些群体已经在海湾国家扎根，并且在海湾国家建立了家庭。第一拨外国工作人员的孩子已经中学毕业，现在到了上大学的时候了，这个群体的数量是十分庞大的。这些孩子由于不是本国居民，通常会被公立大学拒之门外，私立大学便成了他们唯一的选择。

二 私有化途径

所有的 GCC 国家在过去5年间都认识到，建立私立大学并扩大私立大学的办学规模是解决高等教育困境的有效途径，这种认识已体现于每个国家的教育政策。沙特阿拉伯、科威特、巴林和阿曼等国都在过去两年间开办了本国首家私立大学，此举得到了公立大学的大力支持，也

得到了政府的夸赞。一些私立大学由国内私人投资举办，一些私立大学
与国外大学联合举办，还有一些私立大学是国外大学的卫星学校。最
近，康奈尔大学决定在卡塔尔建立一所成熟的医学院，此举引起较大关
注。还有一系列项目也在低调酝酿之中。美国、加拿大、英国、澳大利
亚和印度的大学都希望在这片充满前景的市场里寻找契机。阿拉伯联合
酋长国是首个授权私立高等教育的 GCC 国家，已经拥有多所私立大学，
各种私立大学令人眼花缭乱，其夺目的光彩甚至湮没了政府举办的大
学。卡塔尔政府和阿联酋政府已经预留大片土地来举办高知名度的"大
学城"以吸引西方的大学。在初露端倪的竞争中，卡塔尔和阿联酋同时
宣布了他们的雄心壮志，声称要办成世界一流的高等教育，成为海湾地
区的高等教育中心，能够吸引来自马格里布、黎凡特、印度次大陆以及
其他地区的学生来此地求学。

　　海湾国家政府认为举办私立大学不仅仅能解决庞大人口的教育问
题，而且也有利于提高高等教育质量，并能够更好地满足劳动力市场的
需求。长期以来，公办高校并没有很好地满足劳动力市场的需求。海湾
国家的教育部门的官员很难否认这样一个事实，即公立大学师资平庸，
教学方法落后，教学内容陈旧，教学设施简陋。该地区的中学教育和大
学教育已经落后于东亚地区和其他发展中国家，而劳动力的本土化已经
成为 GCC 国家的首要任务，但令人痛苦的现实是，本土公立大学的毕
业生缺乏必要的工作技能。人们普遍认识到，私立大学之间能够相互竞
争，能够与劳动力市场的需求保持一致，从而能够保证提供符合国际标
准的、就业需要的学业课程。

三　美国模式至上

　　快速发展的海湾国家的高等教育最显著的特点是把美国大学模式当
作唯一标准模式，并大规模地模仿。英国和澳大利亚已经在海湾国家开
设了一些学位课程，甚至开办了分校，但他们依旧在美国大学的影子下
运行，因为该地区的高等教育早已为美国模式所覆盖（欧洲大陆在这片
土地上毫无踪影）。菲利普·阿尔特巴赫在其精彩的论述中谈到世界范
围内对美国认证的需求时指出："人们非常重视美国的认证机构对外国

大学的办学认证，他们的认证具有显著优势。"(《国际高等教育》第32期，2003年夏）。这种情况在海湾地区尤其明显。在那里，不仅对美国的认证需求旺盛，而且大学的教学也尽可能地使用美国标准，从课程名称到课程设计，从师资力量到校园建筑，无不如此。过去三年间在该地区建立的几十所私立大学，要么与美国大学合作，要么隶属于美国大学，要么与美国院校合作设计课程。2002年科威特建立了第一所私立大学，该大学宣称在课程设计方面得到了位于圣路易斯的密苏里大学的帮助，并与密苏里大学建立了课程交换项目。阿曼的一所大学在该校的网站上宣传，其已经与美国密苏里罗拉大学签署了协议，成为它的附属大学，并使用该大学的课程和大纲。私立大学在保守的沙特阿拉伯如雨后春笋，它们正在通过各种合作途径获得美国的认证。

海湾地区之所以一味地采用美国教育模式，主要是由于该地区的人们除了学习伊斯兰教的知识以外，缺乏学习文化知识、研究学术的传统。海湾地区不存在黎凡特和马格里布等地区的文化惯性，所以，人们对高等教育的美国化并不抵制。传统的宗教和文化在海湾各国依然受到普遍尊敬，在原教旨主义浓厚的沙特阿拉伯尤其如此，这些国家信奉性别隔离，信奉强制文化和宗教教义。但是，这些并没有成为海湾国家的人们接受美国教育模式和西方现世主义的阻碍，甚至英语也毫无保留地成为海湾国家很多大学的教学语言，并没有像其他的阿拉伯国家那样，对英语这种前殖民者的语言十分抵制。

海湾地区是个经济活跃、崇尚大同世界的地区，这里的人们充满理想和抱负。他们自信、乐观，完全能够建立起美国模式的私立大学。这些私立大学将提供类型丰富、品质优秀的教育，吸引该地区千千万万个学生。这样，在未来几年间，印度、巴基斯坦、伊朗、土耳其、埃及以及巴勒斯坦的学生就不需要在美国待上几年，他们可以在卡塔尔、科威特或者阿联酋获得美国大学的学位，而不需要成为美国的学生。海湾地区的人们对美国文化既推崇又憎恨，在这种情况下，这些大学居然能起到政治和文化的作用，这是那里的人们未能预料的。

（2003年秋）

（胡建伟译，王一涛、徐绪卿审校）

约旦私立高校的开端

道洛斯·L. 贝科、阿麦德·A. 阿尔维克特

当工业化国家已经开始压缩高等教育的开支时，发展中国家却正在努力满足国内对高等教育不断增长的需求。在近东地区，私立大学的出现被认为是扩大高等教育体系的一种策略，约旦就是一个很好的例子。约旦的公立大学仅能满足很少一部分合格的中学毕业生继续接受大学教育的学习需求。每年大约有 25000 名约旦人在海外学习，这对约旦的经济发展是不利的（1997 年约旦总人口只有 400 万人，见下文），而且大量的年轻人在国外读书，必然导致人才的流失。约旦政府于 1990 年开始准许开办私立大学，作为对国内高等教育供不应求的反应。目前，约旦有 12 所私立大学，1994—1995 年私立大学的招生数占全国大学招生数的 25%。

一 约旦高等教育简史

约旦的高等教育历史非常短暂。最初，英国入侵约旦，这个小国便成为英国的保护国。它仅有 90650 平方公里，人口 400 万人，其国土在第一次世界大战后重新划定，在中东仅据一隅。20 世纪 20 年代，该地区的国家教育体系开始形成，直接导致该地区受教育人口迅速扩大。

1953 年侯赛因国王加冕（世界上在位时间最长的国家元首），他创设了皇家教育委员会，专门为国家教育的发展向皇室提供建议。委员会的首要任务是解决国民基本的文化教育，1955 年的 20 号法——"教育法案"规定了 6 年义务教育制，1964 年的 16 号法——"教育法案（修订）"把义务教育从 6 年延长至 9 年。义务教育的扩大和中学教育的发

展增加了对培养师资的大学教育的需求。师范学院的招生数从 1952 年的 46 人扩大到 1976 年的 7000 人。从 1950 年开始，即使是国内高等教育开始发展之后，鼓励学生去国外深造一直是约旦政府解决国内高水平人才不足问题的基本策略。

约旦第一所公立大学——约旦大学，创办于 1962 年；第二所公立大学是雅尔穆克大学，1976 年建成。1986 年穆塔大学建成，1995 年哈希姆大学和阿勒·贝塔大学建成。公立大学还包括约旦科技大学——该校是 20 世纪 80 年代约旦北部政治动荡时从雅尔穆克大学分离出来的。还有阿曼应用技术大学，该校从一所技术学院升格而来。

1990 年，安曼第一所私立大学——阿曼私立大学诞生建立，该校第一年招生 1324 人。1991 年，约旦应用科技大学、阿伊斯拉费城大学、约旦女子大学、苏玛雅公主大学技术学院相继创办。1992 年，音乐学院成立。1993 年，阿图那·加拉时私立大学和 UNRWA 学院建立。1994 年，爱尔比得国立大学和扎卡私立大学建立。

二　教育体系构架

约旦的私立大学和公立大学按照不同的法律规定运行。公立大学执行 1987 年 29 号法——"约旦大学法案"，私立大学执行 1989 年 19 号法——"私立大学法案"。私立大学也适用公司法，因为私立大学可以看作是政府或私人持股的公司。根据法律，每所公立大学都由校长领衔的院系主任委员会来负责大学的工作，院长委员会负责各学院的工作，系委员会负责各系的工作，系委员会由该系的教师组成。每所大学都有大学委员会（顾问性质而非行政管理），由外界代表组成，主要协调大学的外部关系。另外，每一所公立大学都有特定的政府师资管理规定，解决诸如学术自由的问题。

私立大学最高管理机构是大学的董事会而不是校长领衔的院系主任委员会。对教师聘用条件没有规定。现有对私立高等教育的管理规定是约旦高等教育委员会制定的。该委员会由教育和高等教育部部长主持，其他成员包括计划和文化部部长、公立大学校长、社区大学代表以及 6 个外界理事成员。尽管该委员会没有私立大学代表，但是委员会的成员至今未发现他们之间存在利益冲突。

　　高等教育委员会对私立大学有较大的控制权。委员会要批准私立大学的各种学科类型和学习领域，设定入学标准，批准接受捐款、赠与和基金，通过检查预算和报告来考核学校的业绩表现，批准私立大学和其他大学的文化、技术合作协议，制定认证标准和合格办学的规定，规定很细致。例如，合适的师生比，全职教师的最低比例（80%），每一个职称系列的最大的教师工作量，每学期每个学生最大的学时数。但是，公立大学并没有这样的委员会进行认证和检查，它们可以不需要经委员会或政府同意就开设新课程或修建新大楼。

　　近几个月，人们对高等教育的财务状况表达出越来越多的不满。公立大学的资金严重依赖于特定的税收——关税和执照费。还有一种特殊的由财政部征收的"大学税"，每年按照高等教育委员会的决议发放。公共资金在高等教育领域的分配方式并不合理，更加遗憾的是，大学校长的影响力在该大学能得到多少经费方面起着举足轻重的作用。学费占公立大学预算的1/4，但是学费水平一直保持在较低水平，而且在过去几年学费实际上都有所下降。目前公立大学的财务赤字大约是经费支出的30%，而全年预算额度为1.56亿第纳尔，折合美金2.24亿。

　　私立大学和私立大学的学生都不能得到政府的财务支持。私立大学每开设一个专业，都需要支付一次性的认证费用10000第纳尔（1第纳尔相当于8.7元左右人民币。——译者注），此外，根据公司法，每年需要将25%的办学利润交给政府。

三　私立大学的形象

　　约旦私立大学在人们眼中的形象并不好，又受到公立大学的歧视，这多少是因为私立大学的受教育机会是"买来的"，同时也是由于政府对私立大学不够公平的举措以及私立大学教育质量不高。然而，没有证据说私立大学没有做好工作，或者说公立大学干得更好。公立大学在财务上存在很多不规范的行为，但是这些行为却没有被查处。由于私立大学薪水较高，也引发了一些怨愤。但是，私立大学的工作职位都是合同制的，而非终身制的。公立大学的教师服务满两年后就可以得到终身教职（这条规定只适用于约旦人），教师一般会作出这种安全性强的选择，而不去选择收入虽然高却有一定风险的私立大学的教职。另外一点人们很少提及的是，相当数量的公立大学领导和教师拥有私立大学公司的股份。

对私立大学抱怨最多的是它的入学门槛低，乍一看似乎是事实。大学入学看的是 tawjihi 考试成绩——普通中学证书考试（GSSCE）。百分制 65 分以上的学生可以上公立大学，60 分可以上私立大学，一些专业的实际分数会更高，这视各专业的竞争情况而定。例如，医学通常需要 85 分，工程学需要 80 分。GSSCE 考试是按科目组合进行的（类似于英国的 A 级考试），而目前为止最大的科目体系是艺术和科学科目。1995 年 41000 名学生参加艺术类考试，其中，12000 名分数在 65 分以上，15000 名在 60 分以上；23000 名学生参加科学类考试，13000 名在 65 分以上，15000 名在 60 分以上。那一年公立大学的总招生人数少于 15000 名。

然而，这还不是全部的情况。公立大学有一些为特殊群体保留的名额，这部分名额占总招生人数的 25%，这些学生只要取得合格的入学成绩（65 分）就可以入学。所谓"特殊"群体，包括保安部队和武装部队人员的孩子、教育部工作人员的孩子、一些外国的申请者（不包括马来西亚，它有单独的招生指标协议），以及其他一些特殊人员。因为有这部分群体存在，许多优秀的学生失去了就读公立大学的机会，而只能将这些名额留给那些不那么优秀的学生。

四　问题及解决办法

约旦私立高等教育的基本问题是高等教育财务赤字迅速增长，没有充分的资金，而现有的资金又不能合理运用。为"快速修复"这种局面，私立大学因此而兴起。私立大学的发展受制于传统的课程设置和教学方法，没有创新，也没有创造。哈桑亲王和公主发表的公共演讲标志着私立高等教育可能发生巨大的变化。可能采取的措施包括：高等教育委员会的职业化，增加私立大学代表，增强私立大学和公立大学的管理自主权，为高等教育建立认证体系。采取这些措施以后，私立大学或许可以发展成为约旦高等教育更重要的力量。

（1997 年秋）

（胡建伟译，徐绪卿、王一涛审校）

第七编

美 国

美国营利中等后院校：
背离还是拓展？

古尔伯特·C. 亨切柯

美国的营利性私立高校在美国国内被认为是对高等教育常态的偏离，但是在美国以外，却被认为是对高等教育常态的拓宽。一方面，美国绝大多数的学生（大约95%）就读于公立或私立的非营利性（"慈善"）院校，但是，营利性私立院校的招生以每年两位数的速度增长。在9485所美国中学后院校中，大约47%属于营利性院校。这些院校的股份可以买卖，收入也需纳税。和传统的大学相比，这些营利性学校的校区规模都很小，它们往往坐落于购物中心或商务区之中。尽管营利性私立院校作为一种办学类型而言历史久远，但是这些营利性院校的历史都很短。一些权威人士对这些营利性院校的发展速度表示"震惊"。但是，以国际的视角来看，美国的营利性教育机构并非新鲜事物。美国营利性大学具备美国大学的典型特征，包括：采取加盟制、资金来源私人化和多样化、内部自治、对外界变化保持灵敏的反应、提供模块化课程、入学相对容易等。

一　营利性大学的类型

美国的营利性大学分为三个类别：（1）十几家上市的大学，年营业收入超过1亿美元，这些大学包括阿波罗集团、职业教育公司、教育管理公司、Corinthian学院股份有限公司、Kaplan学院股份有限公司等。（2）近20所私立学院，年营业收入介于5000万至1亿美元之间，待时机成熟可能会上市。（3）年营业收入在5000万以下的教育公司，近

4000 所营利性学院大都属于第三类。

二　营利性大学的学生

与其他大学的学生相比，营利性大学的学生大多数为低收入人群和少数民族人群。被营利性大学录取的学生中，48%的学生是少数民族人群，而在美国公立大学和非营利性大学中，这个数字为33%。同时，营利性大学录取了很大一部分家庭年收入低于20000美元的学生，这类学生约占招生总数的27%，高出公立大学和非营利性大学招收这类学生数16个百分点。当然，营利性大学还为"其他3/4"尚未取得学士学位的成年人服务。

三　营利性大学的发展

在1990—2000年，营利性大学的数目增长了112%，大约为750所，与此同时，该时期至少有200所私立非营利性大学停办。能够授予学位的营利性大学的招生数在1995—2000年增长了52%，大大高于公立大学和非营利性私立大学的招生增长数。营利性大学招生数的急剧增长很大程度上应归因于十几个大型营利性私立大学的扩张。营利性私立大学每年的招生都是相当稳定的，连锁学校的增加、私立学校之间的兼并收购以及开办新的营利性大学，都引起了私立大学招生数的增加。在过去几十年间，凤凰城大学的招生数增长了70%，小规模的学校增长率虽然要小一些，但招生数的扩大也是实实在在的。Corinthian 学院的招生数增长率为30%，教育管理公司的招生数增长率为20%。营利性大学的发展在很大程度上可以归因于这些大学办学注重职业化，课程内容直接指向就业市场。这些大学提供"短周期"（少于两年时间）的教育项目，帮助学生获得特定的文凭、资格证书和学位证书。这些课程旨在满足未能接受或完成本科学习的成人的需求。这些学院也非常重视学生毕业后的就业推荐问题。

四　营利性大学的项目和课程

由于营利性大学的办学更多地受到市场的驱动而不是学术的驱动，这些大学更多地关注就业需求旺盛的项目和课程。营利性大学提供几十门的课程项目，从会计到针灸，从航空管理到汽车技术，从网站管理到焊接技术，从文字信息处理到木工与设计（参见 http：//www. peter-sons. com/cca/search. asp）。当然，每所营利性大学只提供一小部分课程，这些课程之间相互补充。的确，高度关注就业的课程既是学生学习的中心，又反映了营利性大学的使命。传统的人文教育并没有列入课程菜单。营利性大学对与就业相关的课程项目的重视使它具备了明显不同于传统大学的特征：学生能够具备一整套雇主所需的职业技能。雇主即"客户"，学生是"产品"。营利性大学的学生获得了特定的技能，然后从事特定的工作。营利性大学帮助学生成功地完成课程学习，并为他们推荐工作，营利性大学对此非常自豪。即便有时候它们的学费标准高于同类的公立大学，但学生就业后会发现自己能得到不菲的薪水，因此，普通的学生在营利性大学学习的投资回报率要比付出同样的学费、在传统大学中学习然后得到一个普通学士学位的学生的收益率要高得多（回报率大约是 28%：18.6%）。

五　营利性大学目前的发展

营利性大学迅速而颇具规模的发展有目共睹，它在业界出色的表现也使得长期以来的美国教育政策发生了变化，这些政策部分是针对营利性大学的，部分是针对所有的中学后教育的。这些政策包括如下一些问题：谁应该付费？应由谁来提供教育？谁是教育的受益者？当人们在争论联邦政府是否应该给予营利性大学的学生以助学金时，上述问题又一次被提了出来（营利性大学一直非常依赖政府给予学生的助学金）。上述问题的答案在很大程度上依赖于营利性教育发展的"驱动器"，"驱动器"包括：营利教育能够吸引社会资金，它们具有令人羡慕的就业业绩，它们具有高效的管理，灵敏度高，能根据不同人群的需要开设相应的课程，它们能够使教育技术产业化。而给足这些"驱动器"后劲的是市场对中学后教育的旺盛需求（例如，教育回报率不断提高）以及抑制公立大学和私立非营利性大学发展的措施（例如，政府的资助从大学转向个人）。

这些因素的合力推动了市场对营利性大学的总需求，也导致中学后教育的学费越来越接近营利性大学的学费。美国营利性大学的学费与普通大学相比具有一定的吸引力（例如，营利性大学两个学期的本科课程学费为 6940 美元，公立大学需要 17026 美元，私立非营利性大学则需要 23063 美元）。由于学生家庭接受中学后教育需要承担更多的费用，他们对学费高低可能更为敏感。

美国的营利性大学被认为是对高等教育的偏离，也被认为是高等教育的一种自然延伸，营利性大学折射出了对整个国家起到巨大形塑作用的社会力量和经济力量。

（2004 年春）

（胡建伟译，王一涛、徐绪卿审校）

私立营利性大学的师资：
凤凰城大学算是新模式吗？

凯文·金塞

拥有 100 多个校区和学习中心、学生数多达 10 万人的凤凰城大学也许是美国最具典型性的营利性大学。凤凰城大学的学习模式不同于传统的大学，它主要满足成人学生群体的学习需求，学习领域主要集中于卫生保健、商务和教育，课程高度紧凑且设计高度集中。一门授予本科学生的课程通常为连续 5 周，每周 4 课时。每周的"小组学习讨论会"使学生在课外也有学习的机会，学生之间讨论并完成每周的作业。

考察凤凰城大学师资结构，认为凤凰城大学聘用的教师和一般高校聘用的教师不同，这一点不足为奇。"分解"是凤凰城大学教学模式的一个显著特点：传统上一个教师需要承担的工作（如教师需承担课程设计的任务）被分解到多个部门来完成，有一些工作（如教师必须开展科学研究）则被完全剔除。凤凰城大学所聘用的教师主要是帮助学生学习特定的课程，他们的聘期按照凤凰城大学 5 周为一学期计算。这种临时性的、弱化了的教师角色可能会引起其他高校的担忧，而凤凰城大学却乐此不疲。

从市场的角度来看，凤凰城大学无疑是成功的。作为一个教育单位，要对它进行评估比起对普通大学的评估更加困难。比如，凤凰城大学弱化教师的作用就受到质疑，人们会质问，营利性大学所聘教师的学术价值何在？然而，近来世界各地区私立高等教育的规模普遍扩大，这意味着一些新建的大学需要采用一种新的师资模式，而凤凰城大学的授课方式就成为世界各地私立大学效仿的典范。不管这些私立大学是否具有营利性质，都可以按照凤凰城大学的模式来发挥教师的作用。高等教育的观察家们都在用怀疑的眼光来审视凤凰城大学，因为该校首先关注的是学校的盈亏和利润问题。实际上，凤凰城大学重在创造一种良好的学习环境，这种环境是学生和他们（未来）的雇主所青睐的。教师在创造这种环境的过程中起到了不可或缺的作用。凤凰城大学的师资模式至少在三方面值得关注。

一　聘用策略

首先，凤凰城大学的聘用策略重视引进热爱教学且完全认同凤凰城大学的模式和理念的教师。候选者要成为凤凰城大学的教师，需要经历一系列审查过程，教师先要提供个人信息，经过学校遴选之后，有资格的教师才能参加正式的教学示范课，再由现任教师对其面试，最后进入培训阶段，新教师需要深入了解凤凰城大学的课程以及课堂应达到的效果。对凤凰城大学的教学精髓没有深刻把握的人很难成为该校的教师。同样，如果不能经受凤凰城大学所要求的课堂模式的考验，也一定会被淘汰出局。凤凰城大学使用成人学习模式，学校认为学生在小组活动中收获最大，小组活动能够保证学生之间的互动和讨论，并能保证学生学到实用的技术。如果一些人认为讲解一些跟实践没有关联的理论知识非常重要，那么他们很快就会发现这种想法在凤凰城大学的课堂上是很难取得成功的，或者在第一步就会被淘汰。

二　从业经历

其次，在凤凰城大学兼职的教师需要把他们在校园外的、自己全职工作岗位上的知识和经验带到课堂。除了要提供经认证的学历证书外，凤凰城大学的所有教师都必须具备自己教学领域的专业任职经历。他们除了在凤凰城大学从教之外，必须有一份全职的工作。凤凰城大学的师资培训特别强调这一点：学生在星期二晚上的课上学习到了什么，那么星期三早上他（她）就能在自己的办公室中用到这些知识。凤凰城大学鼓励教师利用专业方面的经验，把课程教学和工作现实明确地联系起来。因此，即使凤凰城大学从自身营利性的目的出发，需要考虑节省成本的问题，聘用兼职教师仍然是非常重要的。这么做所产生的实际效应是能确保课程与行业需求高度相关。同时也让师生明白，学校教学工作的重点是使学生所学的知识技能能够及时有效地得到应用。

三　教育与营利

最后，课堂教学活动本身也可以从教育和营利两方面来描述。实际的教学以及用于提高教学质量的培训都是用来帮助学生学习的。同时，营利的动机主导着课程设计和课程决策，直至一整套特定课程计划的出台。凤凰城大学坦言营利是自己的底线。尽管课程是集中设计的，但是教师需要制定出评估学生学习效果的具体方案，并且要布置课后作业并确定讨论题目。教师们并没有对标准化的课程大纲囫囵吞枣，而是积极地投入到课程设计中。教师积极参与课程设计并认真担负起教学责任，反映出凤凰城大学对学生的关注和负责，教师的认真负责也能够保证凤凰城大学股东们的利益。

四　启示

凤凰城大学精心挑选教师，让他们在课堂上按照学校既定的办学方针开展教学。严格的选拔过程能够确保教师的业务水平，确保教师有投身教学的热情，并确保教师用凤凰城大学特有的教学方法进行授课。学校同时还希望兼职教师把自己在全职工作中的业务经验带到课堂教学中来。教师对课程整体设计参与较少，但在教学内容、教学方法方面则各显神通。新建的院校如果要复制凤凰城大学的方法就必须熟悉凤凰城大学的教学模式，了解各个教学因素之间如何互动并形成一个有机的整体。当然，模仿者也需要保持清醒的头脑，认识到短学期制和师生之间较少的接触可能引发的学生学习深度不够的问题。

营利性大学之所以引起广泛的兴趣，不仅在于它对私立高等教育的发展提供了经济方面的启示，还在于它影响了私立高校的学术文化和教师身份认同。凤凰城大学的个案，可以用来探索营利性大学采用的运作模式，并探索私立大学的教师可以扮演的角色和定位。在采用结构式的、集中式的课程设计方面，私立大学具有多大的普遍性？在多大程度上能够激励教师投身教学，并有效利用自己的实际从业经验？聘用兼职教师是否是个明智的决定？这些问题的答案可以帮助我们勾勒出在全球私立高等教育不断发展的时期私立院校发展的途径。

　　本文是与私立高等教育研究项目合作研究的部分成果。该项目由奥尔巴尼的纽约州立大学列维教授负责，并得到福特基金的资助。

（2002 年夏）

（胡建伟译，徐绪卿、王一涛审校）

营利高校和传统高校的比较

罗伯特·R. 牛顿

美国 3500 余所高等教育机构中发展最快的是那些营利大学。三年前《高等教育年报》报告，在过去的五年间，营利教育已经从不起眼的状态、类似小作坊式的经营性学校成长为具有每年 35 亿美元营业额的产业。在营利性教育中占主导地位的，是那些在本地或者全国范围内广泛建立分校的教育公司。

2000 年夏天，引人关注的凤凰城大学在全球范围内招收了 68000 名在册学生，分别进入本科、研究生教育和资格证书的课程学习。凤凰城大学在美国、波多黎各、英属哥伦比亚建立了 85 个学习中心，同时，该校正积极在荷兰、德国以及欧洲的其他国家和亚洲开拓新的校区。

凤凰城大学之所以取得成功，其核心要素是严格准确的办学目标以及高度系统化的教育和经营方案，具备与非营利大学相区别的明显特征。个人认为，以凤凰城为代表的营利大学与传统大学具有明显的区别。世界上的大学办学基本沿袭传统大学模式，而剖析某一特定大学则更有利于了解具体情况。

一　焦点

美国凤凰城大学专注于分享高等教育蛋糕中的特殊群体：从事全职工作的成年人，年龄至少 27 岁，已经建立了明确职业目标。为更好地为这类人群提供服务，凤凰城大学的课程目标大多是战术性的而非战略性的，他们关注能即时获得回报的知识和技能，提高受教育对象工作提升所急需的能力。

　　传统大学的受教育对象通常重点为较年轻的人群，支持全日制的学习，不鼓励全职工作的人员参加学习，目的在于提供大学经历，包括用大量教育的、课外的、艺术的、社会的以及运动的课程来促进学生的课堂内外的成长。传统大学的总体目标是博雅教育，使学生脱离偏见和无知。让他们直面人类的根本性问题，并拓展对这些问题的不同思考，坚持让学生通过思考形成自己的立场观点，鼓励他们规划如何活出"精彩的人生"。学生和殷切的家长都深信这种宽泛的教育对理想的职场有益。

二　比喻

　　营利性大学既是教育公司，又是学术团体。作为公司，它们依托财政状况、高等教育法律、认证、市场开发、客户关系以及其他领域，在竞争日益激烈的环境中生存。高等教育作为产业的概念和学生作为顾客的概念是近年来才形成的。凤凰城模式恰好符合这种理念，作为超过 2000 亿美元产值企业实体的一员，为顾客提供合理价格的教育和培训服务。相比之下，传统大学从不把自身当作为公司实体，他们强调自身学术团体的身份。在这种传统观点看来，大学是负有特殊社会使命的神圣机构；学生不是顾客，而是被当作与教师交流知识、探究学问的合作学习者或学徒。

三　教师

　　凤凰城大学最有趣的一面是教师角色的分化。传统大学中，教员如同家庭手工业中的手艺人，集知识专家、课程设计者、讲授者和评估者于一身。教师独特的天分和创造力最被看重。传统大学的弊端在于，由于教师教学能力差异可能产生不一致的教学效果，或者说不一样的教学质量。凤凰城大学通过教师作用的分化，有效地避免或者说最大限度地减少了这种差异：课程专家设计了课程目标和教材；有实践经验者负责授课，增加学生对真实世界的观察力；教学评估由专家评价而不是讲授者本人。凤凰城大学注重合理规划、课程的一致性和发展的连续性，教师除了讲解这一环节之外，最大限度地减少了介入，以避免教师差异对教学质量的影响。

传统大学的教师隶属于系院和学校，讲授课程既为自身的发展，也为学科的发展。在凤凰城大学，课堂讲授者实行合同制，是履行合同和实施教学设计的技术人员，主要承担传授知识而非探索知识的任务。

四 学生

如上所述，凤凰城大学把学生看做消费者，寻求一种类似商业的关系，学校教授他们所需的技能和能力。这里消费者或顾客的词义内涵和学生这个词所包含的意思截然不同。师生关系被看做是一种互助的关系。传统看法认为教师是类似医生或牧师那样的职业。而消费者或顾客的概念象征着这样一种关系：供应方最终关心的是盈亏底线。这并不是说凤凰城大学没有致力于一流的服务和消费者的满意，而是说实现这些中间目标的根本动机是公司的利润增长。

五 知识

凤凰城大学视传统大学为提供博雅教育的大学，大多数学生所接受的教育与他们当前的目标或应用没有关系。传统大学对教育目标的表述——为人生、为公民生活、为人的全面发展作准备，这一说法很直观却也相当模糊。凤凰城大学的教育则提供一种"应急型"教学：学生所学的正是他们所需要的，在职场环境中能够立即运用的东西。

六 投资／机构

营利性大学投资主要在以职业能力为导向的教学内容、教学方法、课程实施和评估体系的开发方面。传统大学的投资主要是大型的基础性设施，如图书馆、教室、运动设施、剧院、实验室、餐厅、宿舍、学生活动大楼、医务所等。

传统大学由于不同的办学目标和支持者，往往在教学变革和作出决策时步履维艰。凤凰城大学则有着明确的办学目标，只需要公司领导和消费者满意即可，对环境的变化能迅速作出反应。

七　教学模式

传统大学以学术的学科模式运行。学科语境传递的是文化遗产，呈现困扰人类数十年的难题，提出新的问题和教授学术研究的方法。师生互动交流思想和观点，既有古代的，也有当今的。相对而言，凤凰城模式，其出发点更多地关注学生所需的竞争能力，和寻求最有效地增加学生收入的方面。两者的出发点不同，或许是凤凰城大学与传统大学作比较时诸多不同因素中的最大差异。

八　结论

通过对凤凰城大学和传统大学的比较，有助于我们增加对两者更深入的了解。凤凰城大学清晰的办学目标和高效的组织计划令人印象深刻。比较的目的不是要取代传统大学，而是要使传统大学更加关注那些未得到应有服务的人群。凤凰城大学通过向学生提供工作场所急需的知识，不仅帮助了受教育者在职场中获得晋升，而且也使自己获得了客观的利润。

营利性大学的目标虽然很狭窄，但是很务实，这与传统大学形成了鲜明的对比。传统高校宣称有着高尚的社会责任，承担复杂的社会服务，以及通常比较模糊的服务于文雅群体的承诺。从上述分析来看，营利性模式与传统高校是很不相同的，这种不同不仅在于它专门关注学生的职业导向，还在于教学设计的不同，它分化了传统教师的角色。这种不同还体现在它的教育产业取向，它强调学生是消费者，学校运作公司化而非学术化。除一些营利性成人职业教育机构产生一些威胁外，营利性大学并不构成与传统大学的竞争。但是通过实施另一种高等教育模式，摒弃传统大学长期一贯的理念和目标，向传统大学发出了挑战，迫使传统大学对其一直维护的那些职责和努力实现的目标，重新检查在实现办学目标方面的投入和绩效。

（2002 年春）

（胡建伟译，徐绪卿审校）

结语：对本领域的研究

丹尼尔·C. 列维

本书所有论文均选自《国际高等教育》，目的是帮助读者构建有关私立高等教育的知识体系，让全球范围内更多的读者来了解相关信息。这些文章全面展示了世界各地私立高等教育发展的概貌，这些信息对于大部分读者来说都是非常新鲜而陌生的。

本书中一个方法论层面的悖论是：许多文章的"学术性"不足，但正是这种不足使得这些文章格外有价值。在《国际高等教育》早期的研究论文中，一个国家的作者们很少研究国外的私立高等教育，也很少了解国外与私立高等教育相关的诸多现象。这些文章并没有完全按照学术论文的框架来写，也很少受到前人研究成果的影响。可以说，在很大程度上，这些文章是独立的。

这些文章的独立性使得这些文章特别重要，这些文章的观点与文献研究的结果非常一致，《国际高等教育》中几乎没有一篇文章与现有的文献相矛盾。本书所提供的事实与前人的文献研究相辅相成，为拓宽和加深本领域的研究提供了更多的事实依据。

另外，本领域的观察报告进一步证明了相同的观点。这些观察报道就是记者撰写的新闻稿，这些新闻稿从全球范围内挑选而来，一般由新闻记者撰写，几乎都不是学者撰写的，它们不受学术理论框架和前人研究成果的束缚和约束。PROPHE（私立高等教育研究项目）已经把 70 余篇这样的文章发布在自己的网站上（http://www.albany.edu/dept/eaps/prophe/publication/NewsArticle.html）。在本文中，将这些新闻报道类的文章与 61 篇《国际高等教育》的文章结合在一起，旨在得到更为丰富的信息。

当然，这并不是说这些文章比学术研究成果的价值更大，这些文章可以补充学术研究成果的不足。因为没有学术研究成果的支撑，《国际高等教育》中的许多文章给我们理解、思考、形成概念的余地就很小（这就是为什么 PROPHE 在发表每一篇这类文章时都要加上一个简短的学术评论的原因）。实际上，即使在早期的私立高等教育的研究文献中，也存在学术性不足的问题，从 20 世纪 80 年代开始，这种现象大为改观（见艾尔玛·马多纳多、曹一萨、菲利普·阿尔特巴赫、丹尼尔·列维、朱红等编写的《私立高等教育：国际文献》，2003）。

近年来《国际高等教育》所刊发的文章中，学术的味道也越来越浓厚，这主要是得益于诸多学者和博士生们的努力，学者和博士生们借助 PROPHE 这一工作平台，形成了一个国际性的学术网络。这一学术网络所发布的文章数量在总量为 61 篇的文章中占据了 29 篇。近来，一些《国际高等教育》的作者已经不仅仅是本领域的记者，而且还是富有学识的学者，他们长期进行私立高等教育研究，有时也是为了完成自己的学位论文。东欧和中欧的作者所撰写的文章都体现了这个特点，比如，关于保加利亚、波兰、罗马尼亚、俄罗斯和乌克兰的文章。另外，《国际高等教育》和私立高等教育研究项目组合作推出了关于某些特定主题的系列文章，比如：私立高等教育内部的分化、私立高等教育合法化的斗争，以及私立高等教育与公立高等教育中私立部分的相互关系。

大多数《国际高等教育》中的文章都只是关注单一的一个国家（几乎所有这类新闻专题文章都是如此），《国际高等教育》的 61 篇文章，主要关注东欧和中欧地区，有 4 篇相关文章；有关其他地区的文章，每个地区都不到 2 篇。总体来看，10 篇是有关地区性的文章，8 篇是有关整体性、全球性的文章，而 43 篇文章都是关于单一国家的文章。单一国家和地区性的文章表明，亚洲、东欧和中欧是《国际高等教育》的文章主要讨论的地区，新闻专题文章尤其青睐亚洲地区。那么，这些文章在多大程度上反映了这些地区差异实际情况，或者这些地区差异只不过是报告或记录所描述的一种偶然现象？这都不得而知。另外，《国际高等教育》和我们的新闻专题文章都是用英文撰写的，这也减少了拉美地区的作者发表文章的数量。很明显，剧烈的变化更能吸引我们的注意力，这有助于解释为什么《国际高等教育》中三篇关于美国的文章都是关于营利性私立高等教育的问题。

我们再来看看相关文章的观点内容。发表于《国际高等教育》的文章和我们的新闻专题文章都指出了国际高等教育领域的一些关键性变化趋势。这些文章所表明的私立高等教育的发展趋势和大部分研究文献所表明的私立高等教育发展趋势是一致的。这些文章的内容首先包括了私立高等教育的发展和类型，其次是私立高等教育的特征，包括经费来源、规章制度和办学方向。

一 私立大学的发展模式和类型

私立大学的发展概况

该领域的观察者发现，私立高等教育在全球迅速发展，这一结论与学术研究文献的基本观点一致。参见网站 http://www. albany. edu/dept/eaps/prophe/data/international. html。

私立高等教育领域的观察报告强化了学术文献的研究结果，即很多国家的私立高等教育都有迅猛的发展。给人留下特别深刻印象的是，一些国家私立高等教育是在公立高等教育占有垄断地位的情况下迅速发展起来的，例如阿富汗。"后共产主义时代"的改革推动一些国家的私立高等教育从零或者几近零开始一直到发展壮大。蒙古国大约已建立 200余所私立大学，哈萨克斯坦建有 114 所，埃塞俄比亚在 21 世纪初从零发展至 60 多所。阿塞拜疆、中国、越南和罗马尼亚是许多观察报告特别指出的四个国家，这些国家的私立高等教育增长突飞猛进，令人惊叹。（但是也有例外：中亚地区的土库曼斯坦至今还没有正式的私立高等教育，塔吉克斯坦也基本处于私立高等教育的拓荒阶段）

观察报告中的其他文章描述了已有的私立高等教育迅速扩大的情况，特别令人感兴趣的是这些地区所涌现的新型私立高等教育机构。印度就是一个很好的个案。智利的私立大学目前招生数占全国的 70%，美国出现了若干营利性私立大学，目前还处于新兴阶段，自然也引起了人们的较多关注。

私立高等教育迅猛发展的实质更加支持了私立高等教育浪潮来袭的

观点，大部分本领域研究的案例都是非常"私有的"私立大学，我们会从私立大学的资金情况和其他运行情况看到这一点。事实上，在一些极端的情况下，我们看到有人建议将公立大学私有化，比如美国的科罗拉多州和南卡罗来纳州。法律意义上的私立大学，和法律意义上仍为公立大学但内部却发生私有化的大学，二者的界限并不是很清晰。一些亚洲的文章讨论了"公立高校的公司化"问题，即公立大学需运用更多的非政府资金，并且应该被赋予更多的自主权。

私立大学创办的类型及其缘由

关于私立高等教育发展的主要原因和私立高等教育的主要类型，学术文献和我们的观察评论是非常一致的。私立高等教育迅猛发展的主要原因是，社会对高等教育的需求超过了公办高校能够提供的教育机会。私立高等教育的发展大部分是"需求吸收"型的，私立高等教育经常是由不起眼的、办学规模较小的学校来提供的。本领域的观察报告进一步强化了学术文献的研究结果——大量的民办高等教育是由私立高等教育机构（nonuniversities）而非"私立大学"提供的。

然而，文献研究和本领域的报告也提醒我们：也有其他原因导致了私立高等教育的兴起，私立高等教育的扩大并不都是由于高等教育需求超过了公立大学的供给能力。来自非洲、孟加拉国和菲律宾的报告表明，由于一些公立大学的混乱，使得人们倾向于选择更为有序的私立大学。这些地区私立高等教育的发展模式与已有十余年历史的拉美私立高等教育发展模式遥相呼应。本领域的另一些观察评论还提及了人们对公立高等教育存在的腐败和官僚习气的愤怒。与此同时，来自欧洲的报告特别提到了一些地区（比如科索沃共和国和马其顿共和国）的私立大学是为少数民族的学生创办的，现在巴西也已经有了专为黑人开设的学院。与此相关的是，一些地区的私立高等教育是为宗教信仰上的"少数派"（religious minoritis）创办的，例如泰国的基督教徒大学。与宗教大学紧密相连的另一类私立大学（这两类大学经常相互交叠）是女子大学，女子大学在亚洲特别多，女子大学几乎都是私立性质的。

在其他一些地区，比如南亚，一些私立大学正在努力提高教育质量，甚至已成为该国的顶尖大学。一些优秀私立大学的学术地位往往紧跟最顶尖的公立大学，例如日本、韩国和泰国。值得注意的是，拉美的一些私立研究中心已经升格为非常精英的私立大学，例如阿根廷的迪特拉大学和乌拉圭的奥特大学。拉美一些建校时间较长的私立大学得到了社会的充分认可，生源选择上具有明显的精英性，它们在一些学科领域表现突出，科研和研究生教育也处于上升阶段。总之（正如近来《国际高等教育》有关日本、墨西哥和泰国私立高等教育的主题论文所总结的那样），各国私立高等教育在创办的背景、发展的原因和发展的状态等方面都很不一样。

私立高等教育的发展并非只是由于公立教育供给的不足，同时也是因为私立高等教育本身的吸引力所致。私立高等教育发展的大背景因素是全球范围内呈现出的经济市场化趋势，同时，社会、政治的多元化也是重要原因。大城市中私立高等教育的吸引力能保持和私立高等教育规模的扩大同步，如前所述，在波兰的一些大城市便是如此。

私立大学发展的私有化特质正是由各国公立教育的推动而造成的。最近的学术研究表明，亚洲国家的政府在促进私立高等教育的发展中起到了积极的作用。本领域的研究文献也指出了海湾国家、中东地区和北非一些国家政府发展私立高等教育的积极举措。科威特、沙特阿拉伯、约旦、突尼斯等国的私立高等教育，在公立高等教育的大背景下发展迅猛。恰蒂斯加尔邦（印度）和上海（中国）的案例表明，国家和当地政府有时对私立高等教育起到了良好的支持作用。恰蒂斯加尔邦的私立大学仅在两年时间就从零增长到108所（尽管司法干预使未来私立高等教育的发展还模糊不清）。本领域的新闻专题报告充分表明了马来西亚、尼日利亚和威尔士等国的政府在私立高等教育中的支持作用。当然，不同政治体制的国家都在支持私立高等教育。

公立大学也参与了私立高等教育的发展事业。我们不能认为公立大学对私立高等教育发展的态度要么是反对，要么是漠不关心。《国际高等教育》的文章表明了中国、俄罗斯和南非等国的公立大学和私立大学之间都存在积极的合作伙伴关系。俄罗斯在这方面格外引人注目，一大批公共机构，从政府部门到公办高校，都负有帮助私立大学的一定义务。在英国，公立布鲁内尔大学和私立白金汉大学联合创办了私立医学院。

　　另一个私立高等教育发展动因是国际力量的推动。正如公共政策和公立大学对私立高等教育的促进一样，国际力量对私立高等教育的促进也是通过多种方式进行的。美国模式是世界各国发展私立高等教育的典范或至少被认为是典范。我们在文章中读到阿富汗、保加利亚和科索沃都有以"美国"命名的大学，在肯尼亚则有"美国国际大学"。巴西的毕达哥拉斯大学在很多方面都努力模仿美国的营利性大学——凤凰城大学。

　　尽管国外大学在本国开办分校并不是私立大学发展的主要模式，我们还是看到了很多这样的办学实例，例如，澳大利亚的卡内基梅隆大学，北京的斯坦福大学，澳大利亚莫纳什大学在海外开办的学校。中国台湾的私立和公立大学都与德国的高校联合办学。另一个非常有意思的例子是约旦的大学可以在以色列办学。一篇《国际高等教育》中关于马来西亚的文章显示了私立大学的国际化方式可以多种多样，可以开设分校，举办姐妹学校，或者实行学分互换。

私立大学发展倒退了吗

　　当然并不是所有关于私立高等教育的报道都是正面积极的。印度近期的一些政策导致一些私立高等教育机构无法生存，南非的政策削弱了发达国家对本国私立大学的渗透。几篇《国际高等教育》的文章都指出了私立高等教育发展所面临的几大障碍，包括合法化问题、国家的监控管理问题以及经费来源等问题。这些观察报告实际上指出了目前私立高等教育的发展并不像它之前那样迅猛，不过文章并没有认为私立高等教育的发展出现了倒退。

　　但是这些新闻报道确实呼唤人们关注那些有可能导致私立高等教育出现倒退的因素：这些因素导致了私立高等教育发展势头变缓，即使不是招生绝对数量的减少，至少是整体招生比例的降低。政府的管制是许多文章共同的主题，最引人注目的个案可能是印度法院的判决。《国际高等教育》的文章提到更多的因素是人口增长放缓，特别是发达的老龄化国家，比如日本、东欧和中欧（如罗马尼亚）。但我们同时也看到了巴西私立高等教育发展的巨大人口空间。我们也需要注意日益增长的拉美左翼政权的政策趋势。另外，一些报告也提出了公立大学的私有化对私立高等教育的发展所提出的挑战。关于非洲、东欧和中欧的有关文章表明，这些地区的公立大学既招收自费学生也招收享受助学金的学生。一些公立大学也像私立大学那样提供符合市场需求的课程，进一步引发了公立和私立大学间的激烈竞争。这种竞争甚至延续到了硕士教育的层面，因为公立大学的硕士教育还是需要付费的，即便学士学位不要求付费（比如乌拉圭）。

私立高等教育的未来发展前景并不一定是招生比例的增长，正如美国所表明的那样。即使私立高等教育的发展势头急转直下也并非不可能，国际上已有先例，这种情况一般发生在国家进行"国有化"改革的时期。

二　私立高等教育发展特点

私立大学的资金

一般认为，私立高等教育经费来源于私人。学费及其相关费用是主要的办学资金。随着全球范围内非营利性大学的商业化趋势日渐明显，无论是私立高等教育还是其他层次的私立教育，学费都上涨了。学费的攀升有时也会引起矛盾。乌干达国内有批评认为，私立大学学费太高，而私立大学则认为政府对它们征税太高。印度法院对那些有可能获取暴利的营利性私立大学采取强硬措施。

另一方面，合法的营利性高等教育越来越普遍。美国在这方面又领导了潮流，它还把营利性私立高校在财务运作上的某些做法推广到了非营利性私立高校和公立高校。一些从未赋予营利性私立高校合法地位的国家目前也允许创办营利性大学。巴西的大学和毕达哥拉斯学院就属于这类大学。营利性私立高校在世界范围内有不断扩大的趋势。即便是法律规定不能创办营利性大学的国家，也允许西尔万这样的跨国营利性教育集团并购本国的私立高等教育机构，例如智利已经创办的安德烈斯贝洛大学。

然而，断言收取学费和获取利润是营利性高校唯一的资金模式却并不准确。事实上，学费是否是主要的资金来源主要取决于私立高等教育的类型。最普遍的私立大学——需求吸纳型和其他高度商业化的大学——的确完全依靠学费。但是，如果我们来看看宗教性的、种族性的或者是学术性更强的私立大学，形势并不尽然。尽管美国之外的地区慈善事业还不发达，但我们却能从报告中读到南亚排名靠前的大学也能够得到一定的捐赠（例如孟加拉国）。

可能新闻专题报道中最让人感兴趣的方面是公共财政越来越关注私立高等教育的发展。公共资金的投入有助于私立高等教育的发展。政府对私立高等教育进行适当补贴，对于政府而言也是好事情：私立高等教育的费用往往低于公办高等教育，至少政府对私立大学的资助少于对公立大学的资助。然而，所有这一切并不意味着私立高校可以得到政府的直接资助。实际上，私立高校可以通过两种途径获得政府的资助。一种途径是政府对学生进行资助；另一种途径是通过竞争从政府财政获得研究经费和基础设施经费。精英的私立大学常通过竞争获得经费，令人称羡。英国和澳大利亚都采用了这种美国模式。事实上，即使是学生资助也可以采用这种竞争模式，它使优质的私立大学吸引更多的学生，也获得更多的办学资源。在美国国内，像华盛顿州，最近也有这样的方案，即私立大学的学生可以在一些学科领域获得公共资金的资助。总而言之，在发达国家，公共资金转向私立大学的政策和方案已经出台。智利政府紧跟潮流，正在考虑公共资金面向私立大学学生的问题，同时，它已经开始对私立大学提供公共经费以支持其科研工作。

私立大学的监控管理

本领域的观察报告对私立大学的管理方式所提供的信息较少。报告中描述的诸如家族化私立大学的状况，进一步支持了文献的研究结论，即私立大学内部存在层级式的管理方式。与此同时，新闻专题报告和《国际高等教育》的文章谈到了许多关于私立大学管理制度变化的问题，显示了私立高等教育内部管理的复杂性和变化性。许多文章提及了国家对私立高等教育的严格管理，但也有许多文章指出了私立大学具有较大的自主权。目前我们尚不能从本领域的观察报告中得出一个关于当前对私立大学监控和管理的可靠的、全面的结论，但是我们可以总结出一些重要的方面。

其中一方面，也是文献研究早已提出的观点，即所谓"延迟监管"。就是说，在私立高等教育的早期发展阶段，关于私立高等教育的法律是缺失的，至少是模糊不清的：首先，私立大学是否合法，并不明确；其次，在允许私立大学存在的地方，私立大学是否可以营利，也不明确。我们看到许多关于东欧和中欧国家的报道，诸如保加利亚、罗马尼亚以及乌兹别克斯坦等国家都是这种情况。私立高等教育经过几年的快速增长以后，人们开始担忧私立高等教育发展背后的负面问题，如教育质量低下或其他不太合适的做法。这些做法有时甚至包括行贿，行贿的目的是使自己的学校能够符合政府的办学规定或者能获得办学许可，而私立大学（主要是日本、肯尼亚、韩国和乌干达这些国家的私立大学）也会反击公办监管机构的腐败或管理无序。也有一些案例表明，如白俄罗斯，私立高等教育的领导者认为政府对私立大学的态度源于政治上的敌对。

另一个极端现象是政府关闭私立大学。关闭私立大学的机构可能是教育部或国家大学委员会（如尼日利亚），有时候，法院也可能发出关闭大学的命令（如印度）。新闻报道提到孟加拉国有 7 所大学停止办学，墨西哥两年多来有 88 所私立大学停办，也门有 52 所医学院停办，巴基斯坦也有类似的情况。面临被关闭风险的私立大学在许多方面都需要规范，包括课程设置、工作范围、师资力量、办学路径等。当然，这并不是说监管措施就是简单地反对私有化。在加纳，私立大学被迫隶属于公立大学。政府有效监管下的私立大学比从前获得了更大的合法性地位，甚至获得了更高的学术地位，因此，它们的发展动力也更强大，更能够向具有更高学术影响力的大学转变（如中国）。另外与监控管理相关的一点是今天很少有政府会激烈地反对私立大学。即便是在私立大学不受待见的地区，政府也愿意看到私立高等教育能够为高等教育体系发展提供更多的办学方式和资金投入。

私立大学的办学目标和产出

对于私立大学办学目标和运行现状的批评可归结为对其办学质量的担忧。如前所述，这种批评必然引起对私立大学的监控管理。有时候私立大学的办学质量的确不高，但是，有时候并不能认为私立大学的教育质量低，只能说私立大学和公办大学不同，这涉及对教育质量的判断标准。人们对私立大学讨论较多的方面是私立大学过于关注毕业生的就业以及私立大学中的兼职教师过多，观察报告在这方面的描述又一次和学术界的发现相吻合。然而，最普遍和最突出的问题是私立大学的学科专业问题，私立大学的专业面较窄，同时集中在劳动力市场需求旺盛、成本低廉以及不需要过多基础设施投资的领域。

正如前面所提到的关于私立高等教育发展的讨论，私立高等教育不完全是低层次的、就业导向的。巴基斯坦的阿贾罕大学和孟加拉国的南北大学就是努力提高教学质量的私立院校的典范。观察报告也展示了我们称作"半精英"的院校，它们已经具备相当的学术地位，发展愿望强烈，社会信誉较好。巴西的毕达哥拉斯学院、泰国和罗马尼亚的一些私立大学就是此类院校，它们已能与同类的公立院校相提并论。还有一些私立院校，比如孟加拉国和保加利亚的私立大学，正在参照美国模式，在本校内对保守的教育体制进行改革。我们已经论证了公共资金的投入和创办私立高等教育之间的关系问题。中国台湾非营利性私立大学的办学目标就是追求教育质量。一些国家政府已经允许私立学院以"大学"命名，马来西亚政府就是如此，澳大利亚政府也放松了若干管制措施。

观察评论和学术研究：匹配和拓展

在我们的观察报告之外，高等教育的私有化还存在着另外的方式，这就是日益扩大的公立高等教育的私有化趋势。公立高等教育的私有化可能刺激抑或阻碍私立高等教育的发展。总的来说，它可能影响私立高等教育的发展（正如私立高等教育能够影响公立高等教育私有化的规模和状态一样）。但是迄今为止的观察报告和学术文献都没有阐明私立高等教育和公立高等教育私有化之间的相互关系。令人稍感欣慰的是，《国际高等教育》中关于中国、格鲁吉亚、肯尼亚和乌拉圭私立大学的文章在这方面有所探讨。即使我们的聚焦点是理解和追踪私立高等教育，我们也需要分析私有化的其他形式。

由于私立高等教育领域的观察报告的结论与该领域学术文献的发现惊人的一致，这似乎就意味着，两者在未来会一如既往地发展。也就是说，尽管报告指出了特定国家的变化，但是这些全球性的变化模式是趋同的。这些报告没有显示与私立高等教育整体变化趋势相悖或逆转的案例。因此，私立高等教育发展会大幅度减缓的概率很小，可能性不大。值得注意的情况是公共资金对私立高等教育的投入可能会增加。另外，对私立高等教育的监控管理方面也有了大的变化。目前为止，关于私立高等教育快速、多层次的发展，本领域的报告和文献研究的发现非常一致，另外，两者对私立高等教育的资金运作和运行机制等方面的研究也非常相近。

　　本领域的观察报告和文献研究的一致性令人印象深刻。未来这两者能否互相借鉴，让人拭目以待。实际上，文献研究已经从本领域的观察中借鉴了很多，未来它可以继续这么做，包括去发现值得开展学术研究的最新领域。当然，越来越多的《国际高等教育》的文章也借鉴了学术研究的成果。本领域的其他报告，包括所有的新闻专题报告，有着他们自身独立崭新的视角，也会显示出更大的价值。

（胡建伟译，徐绪卿审校）

分析私立革命：私立高等
教育研究项目的工作

丹尼尔·C. 列维

《国际高等教育》的读者们已经看到了近年来私立高等教育潮流涌动，这股潮流表明了"私立革命"的真正特征。尽管全世界私立高等教育常常与更广泛的政治经济发展趋势紧密相连，但它自身日益庞大的规模，逐步凸显的作用，其发展势头不能不让人惊讶和赞叹。用私立高等教育来补充公立高等教育，与私立高等教育保持互动不啻为公立高等教育私有部分的多样性体现。

然而，私立高等教育仍然处于高等教育领域的边缘。主流的高等教育研究文献表明，对这个变化迅速的领域学界缺乏应有的认识，相关的研究非常缺乏。另外，大幅增加的相关新闻报道，也显示了人们对各地私立高等教育的认知不足，对数量有限的学术文献中的有关概念和数据了解较少。人们对私立高等教育的认识仅停留于粗疏的印象，常常是讨论热烈，结论粗浅，而许多重要的政策问题在各个国家都悬而未决。

一 私立高等教育研究项目

基于这样的背景，2000 年我们开始在纽约州立大学奥尔巴尼分校建设私立高等教育研究项目（PROPHE），此项目主要由福特基金资助。私立高等教育研究项目努力构建关于世界私立高等教育的知识体系。对于私立高等教育，我们既不赞成也不反对，但我们也试图为决策者和公众提供政策方面的案例以供他们判断和决策。

私立高等教育研究项目是一项由来自 20 个国家的学者所组成的团队工程，它包括合作伙伴中心和新兴的地区中心以及以私立高等教育为主题的论文写作学生团队。从项目设计来看，私立高等教育研究项目主要由本领域初级学者组成。如需了解具体的研究活动和成果，可以参看 http：//www. albany. edu/eaps/ ~ prophe/。

我们的研究活动和成果包括论文、著作以及其他公开发表的作品，也包括由我们组织的会议。当然，我们还开展一些数据的编辑和分析，相关的法律条文的研究以及对来自世界各地新闻报道的分析。我们的大型文献（2004）主要为学者和政策制定者提供指南，与波士顿学院的国际高等教育中心合作完成。国际高等教育中心同时在《国际高等教育》上为私立高等教育研究项目提供专栏。

二　招生比例

私立高等教育研究项目建立了这样一些数据库，包括具体的私立院校，所开设的专业及其研究领域，这些私立院校所颁发的文凭、授予的学位种类，以及私立高等教育分布的地区，等等。仅从招生情况来看，我们就能立刻感受到私立高等教育革命的广度和强度。

没有一个地区不受私立高等教育的影响。一些东欧和中欧社会主义国家的私立高等教育从几乎零开始一直上升到 20%—30% 的比例。中国目前的私立高等教育比例为 10%，蒙古和东南亚的私立高等教育也占有一定的比例，南亚和中东地区也有较大的发展。一些亚洲国家私立高等教育发展较成熟，招生数量较大（如日本、菲律宾和韩国）。拉美国家的私立高等教育，包括那些高等教育中以私立高等教育为主的国家（智利、巴西、多米尼加共和国），平均招生比例为 40%。非洲私立高等教育，以肯尼亚为例，招生数从几近零到达 20% 的比例。

分析显示，发展中国家的私立高等教育革命比发达国家发展更为明显，变化更为剧烈。欧洲西部尽管也发生了一些有趣的变化，仍然是私立高等教育最少的地区。而新西兰和澳大利亚的私立高等教育已经占有显著地位。美国的私立高等教育保持着稳定的态势，占整体高等教育的 21%，营利性高校和普遍存在的非营利性院校的商业化，或者公立高校的商业化的比例同时呈上升趋势。日本也开始了高等教育营利性的尝试。

三　问题分析

私立高等教育的革命不仅仅关乎数字，更关乎私立高等教育内部的深刻变化。一个相关的主题是私立高等教育如何才能更好地适应更加广泛的国际高等教育改革潮流，从财务到管理，从问责到自治和认证等，不一而足。除了"适应"，私立高等教育问题还可以上升到领导力的层面：私立高等教育从哪里开始，以怎样的方式，多大的程度引领高等教育的变革。

同时，分析还显示，私立高等教育远非孤立的现象，它随着地区之间的不同、国与国之间的不同而不同。即便是一个国家内部，它也有许多变异。私立高等教育所带来的变化是巨大的，正如营利性和非营利性的问题显现的那样，又如私立高等教育中的宗教、文化、学术、商业性部分所体现的那样。毋庸置疑，最广泛和最深刻的革命发生在商业性部分。

研究分析必须运用联系的方法。私立高等教育研究项目分析了私立高等教育变化的程度，也分析了私立高等教育和公立高等教育之间的异同，对私立高等教育和公立高等教育进行了比较。其他的研究，诸如对于高等教育各部分之间合作和冲突的研究，对于政策分析也起到了关键性的作用。随着私立大学和公立大学之间伙伴关系的正式确立，双方的合作越来越广泛。

私立高等教育研究项目就是这样一个积极的、不断扩大的研究课题。当然，试图编撰私立高等教育革命的文献，分析这场横扫世界的革命，依然任务艰巨而富有挑战性。

（2005 年春）

（胡建伟译，徐绪卿审校）

作 者 简 介

菲利普·G. 阿尔特巴赫，波士顿学院高等教育教授，该校国际高等教育中心主任。

阿麦德·A. 阿尔维克特，约旦王国国家计划部经济学研究员。

马克·A. 阿什维尔，纽约州立大学水牛城分校世界语言项目主任，富布莱特项目顾问。美国印度支那教育基金会执行理事。

埃琳娜·贝瑞兹金娜，薛顿贺尔大学高等教育学博士生。

安德鲁斯·伯纳斯科尼，智利安德鲁斯贝洛国立大学研究员，私立高等教育研究项目合作学者。

道洛斯·L. 贝科，前杜克大学行政官员，高等教育顾问。

詹姆士·S. 卡特欧，洛杉矶加州大学教育与信息学研究生院教授、副院长。

滨城，薛顿贺尔大学研究团队成员，负责 1991 年乌克兰独立之后私立高等教育历史的写作。

詹姆斯·考夫曼，加州大学戴维斯分校，国际英语和职业项目主任。

威廉·柯里·S. J.，日本东京索菲亚大学校长。

克劳迪奥·德·莫拉·卡斯特罗，巴西毕达哥拉斯 Faculdade 学院顾问委员会主任。

沃季科·杜茨玛尔，波兰奥波莱管理学院的合作研究者，荷兰特温特大学博士生，私立高等教育研究项目的东欧和中欧地区中心的合作研究者。

伊曼·法拉格，埃及开罗工程技术、经济、法律及社会文献管理中心研究员。

汉斯·C. 杰塞克，不来梅国际大学国家独立学院协会学生事务国际研究员和顾问。

安德鲁·冈萨雷斯，原为菲律宾马尼拉德拉萨大学校长，现任菲律宾共和国教育部部长。

科宾·米歇尔·奎德吉比，就职于非洲发展银行。

艾沙·古普塔，目前从事印度高等教育职业化和私有化的博士后研究，得到大学教育资助委员会资助，为私立高等教育研究项目成员。

罗宾·马特罗斯·赫尔姆斯，美国明尼苏达州明尼阿波利斯市国际肯高迪亚语言村主任。

古尔伯特·C. 亨切柯，曾任美国洛杉矶南加州大学教育学院院长，教育管理学教授。

里查德·霍普，美国华盛顿世界银行高等教育专家。

金承保，韩国首尔韩国开发研究院，公共政策和管理博士生。

金善雄，密尔沃基威斯康星大学经济学教授。

凯文·金塞，美国纽约州立大学奥尔巴尼分校教育学助理教授，私立高等教育研究项目合作学者。

伊夫吉尼·克丁，俄罗斯斯摩棱斯克州立师范学院，副校长。

巴勃鲁·兰多尼·卡顿尔，乌拉圭天主教大学教授，私立高等教育研究项目合作者，私立高等教育研究项目拉美地区中心负责人。

黎玉明，纽约州立大学水牛城分校，教育领导学和政策系，比较教育博士生。

莫利·N. N. 李，就职于泰国曼谷联合国教科文组织亚洲教育办公室，私立高等教育研究项目合作者。

李成浩，韩国首尔延世大学教育学院教授，担任韩国政府高等教育部长助理。

米歇尔·勒热纳，乌干达烈士大学校长。

丹尼尔·C. 列维，私立高等教育研究项目负责人，知名教授，就职于纽约州立大学奥尔巴尼分校。

玛卢贝·玛贝泽拉，私立高等教育研究项目合作学者，南非人文科学研究委员会专家。

雷蒙德·麦吉，英语作为第二语言教学专家，研究兴趣为中东地区，加州大学比较教育和教育社会学高级博士生。

永泽诚，纽约州立大学奥尔巴尼分校博士生，私立高等教育研究项目的博士研究协会成员。

朱迪特·纳吉达瓦斯，教育政策和高等教育顾问，在美国华盛顿特区工作。

罗伯特·R. 牛顿，美国马萨诸塞州，栗山，波士顿学院校长特别助理。

鲁米尼亚·尼科勒斯库，罗马尼亚布加勒斯特经济研究院副教授，私立高等教育研究项目东欧中欧地区中心合作研究者。

威克里夫·奥帖诺，私立高等教育研究项目合作研究者，肯尼亚内罗毕肯雅塔大学教育管理和规划系讲师。

玛丽·帕沙谢付丽，匈牙利布达佩斯中央欧洲大学政治科学博士生，私立高等教育研究项目合作研究者。

欧勒科斯夫·潘尼其，薛顿贺尔大学研究团队成员，负责乌克兰独立之后该国私立高等教育部分的写作。

普拉查亚尼·帕朴哈芒特里蓬，纽约州立大学奥尔巴尼分校博士生，私立高等教育研究项目的博士研究协会成员。

弗朗西斯卡·普赛尔，就职于美国波士顿马萨诸塞州高等教育委员会。

罗伯特·D. 赖兹，罗马尼亚蒂米什瓦拉西部大学，私立高等教育研究项目东欧和中欧地区中心合作研究者。

沃伦·罗安，乌拉圭蒙得维的亚阿比林基督教大学海外学习项目主任。

胡安·卡洛斯·赛拉斯，墨西哥蒙特瑞大学教育系教授，该大学贫穷和教育跨学科学习中心主任，私立高等教育研究项目合作研究者。

斯内加纳·斯兰奇瓦，私立高等教育研究项目合作研究者，保加利亚布拉戈耶夫格勒的私立高等教育研究项目，东欧和中欧地区中心负责人。

约瑟夫·斯特塔，美国新泽西州南奥兰治，薛顿贺尔大学教育学教授，私立高等教育研究项目东欧和中欧地区中心合作研究者。

詹姆斯·斯托克，美国新泽西州南奥兰治，薛顿贺尔大学教育学院高等教育学研究生。

马里扬·舒尼伊奇，萨格勒布大学教授，前克罗地亚驻梵蒂冈大使。

德米特里·萨斯皮特森，宾州州立大学助理研究员，私立高等教育研究项目合作学者，私立高等教育研究项目论文组组长。

丹姆图·特法拉，波士顿学院助理教授，非洲国际高等教育共同主编。

别尔梅特·吐桑库洛娃，中亚和蒙古公民教育中心副主任。

爱德华·瓦格，泰国曼谷易三仓大学艺术学院院长。

译 者 后 记

整整一年时间，最终完成了《私立高等教育：全球革命》一书的翻译工作，感觉如释重负。

2012年3月，接到翻译《私立高等教育：全球革命》一书的任务，感觉非常艰难，做起来小心翼翼，如履薄冰。任教20年来，虽然阅读过许多名著，但是如此完整地翻译一本名著，对我来说是不敢期待的事情。得知此书的作者是如此著名的世界级大师，更使我战战兢兢，丝毫不敢马虎。在徐绪卿教授的鼓励和指导下，我和同事胡六月开始了整个翻译工作。一年来，我们边学边译，不懂就问，向民办高等教育研究院的同事请教。翻译的过程中认真斟酌，一丝不苟，有的语句甚至经过多种形式的比较，每一篇、每一段我们都先了解相关背景情况，尽量符合作者的原意，时代的背景，作者的研究兴趣，甚至是个人风格，努力做到真实、准确、贴切地传达出作者的本意。对于一些地名、机构名、人名以及一些专用术语，需要查阅更多的资料，反复比较，唯恐出错。尽管如此，由于资料有限和查找困难，一些地名、人名和机构名称可能还是不确切，语句中个别词不达意的问题还是存在。如果由此带来读者对本书理解的问题，也只能是遗憾了。

正如丹尼尔·C.列维教授指出的一样，出版本书的目的是"帮助读者构建有关私立高等教育的知识体系，让全球范围内更多的读者来了解相关信息。这些文章全面展示了世界各地私立高等教育发展的概貌，这些信息对于大部分读者来说都是非常新鲜而陌生的"。我想本书的这一目的显而易见是能够实现的，至少我在翻译本书的过程中，已经不知不觉地帮助大师实现了这一初衷。

通过阅读和翻译《私立高等教育：全球革命》，我们不难看出，当下世界私立大学的发展，确实引发了高等教育的"革命"。进入20世纪尤其是第二次世界大战以来，世界各国高等教育开始快速发展，给予私立大学宽松和广阔的发展空间。1994年世界银行对最具代表性的9个发达国家和32个发展中国家私立高等教育的统计资料表明[1]，共有21个国家私立高等教育机构在校生人数占整个高等教育机构在校生总数的20%，其中既有美国、日本、比利时、荷兰、葡萄牙，也包括菲律宾、韩国、印度尼西亚、印度、孟加拉国、约旦、扎伊尔、尼泊尔、哥伦比亚、巴西、尼加拉瓜、巴拉圭、秘鲁、智利、厄瓜多尔、危地马拉。而日本、韩国、菲律宾、比利时、荷兰、印度尼西亚、印度、孟加拉国、巴西、哥伦比亚、尼加拉瓜、巴拉圭等12个国家的相应百分比超过40%。联合国教科文组织正式统计资料（列入统计的有139个国家/地区）显示[2]，世界高等教育毛入学率已从1980年的12.2%增长到1995年16.2%，而在已经进入高等教育大众化阶段的73个国家（地区）中，多数国家（除上文提及的国家外还有俄罗斯、西班牙、澳大利亚、阿根廷、墨西哥、泰国、马来西亚等）所采用的主要举措就包括支持私立高等教育的稳步发展尤其是可持续发展。部分国家私立大学的发展速度令人惊叹。从最近的数字来看，美国的私立大学占大学总数的70%以上。日本、韩国和中国台湾地区私立大学的在校生都超过了70%。

　　私立高等教育机构对高等教育的大众化和普及化的贡献是显而易见的，这一贡献首先体现在高等教育规模的快速扩张和大众化的快速实现。这部分相关论文比较多。以韩国为例，由于在20世纪50年代中期韩国就形成了国立、公立和私立高校三者共存格局，而且私立高校无论是在学校数量还是在注册学生人数上一直占据绝对优势，因此对高等教育的大众化和普及化作出了积极贡献：由于在1965—1975年间私立高校数量从113所增加到137所（占高校总数204所的67%）；在校生人数从11.26万猛增至19.90万人（占高校在校生总数28.33万人的70%），韩国仅用约35年时间就实现了高等教育大众化——1980年的

---

① 世界银行：Higher Education：The Lessons of Experience，1994。蒋凯主译：《发展中国家的高等教育：危机与出路》，教育科学出版社2001年版，第24页。

② 联合国教科文组织：《从统计数字看世界高等教育》，《教育参考资料》2000年，第1—2页。

高等教育毛入学率达 14.7%；也正是因为韩国在第六、第七个经济社会发展五年计划期间（1987—1996）实行稳定高等教育规模和提高质量的政策，实行高等教育管理体制从原有政府主导型转向高等学校自主型的政策，私立高等教育得以继续保持旺盛增长势头：2001 年全国共有私立本专科高等教育机构 296 所，占高等教育机构总数（356 所）的 83.14%，在校生 236.19 万人，占在校生总数（325.72 万人）的 72.51%；私立大学研究生院 736 个，占大学研究生院总数（887 个）的 82.97%，在读研究生 16.85 万人，占研究生总数（24.32 万人）的 69.28%，高等教育毛入学率已经达到 80% 以上。

在巴西，起步于 20 世纪初的巴西近代高等教育由公立和私立高等教育机构组成，比如：1920 年在原有 3 所独立学院（法学院、医学院和工学院）基础上合并成立的里约热内卢大学（公立，第一所现代大学）和 1940 年由天主教会创办的里约热内卢天主教大学。由于巴西的私立高等学校与公立高等学校几乎同时诞生并同步发展，加上巴西一直实行宽松的私立高等教育政策，因此到 1970 年时私立高校的在校生人数已占全国高校在校生总数的 55%。教育部门的正式统计资料显示，1998 年全国共有 973 所高校，私立高校达 764 所占 78.5%，高校在校生总数为 212.59 万人，私立高校拥有 132.11 万人占 62.1%。这也就是说，在巴西高等教育发展进程中，私立高等教育作出了巨大贡献。

在墨西哥，早期私立大学是先后于 1935 年和 1943 年成立的瓜达拉哈拉自治大学和蒙特雷理工学院。尽管墨西哥的私立大学比公立大学起步要晚得多（相差 400 多年），但是自 1970 年起私立高等教育发展迅速（主要归功于国家政策的扶持和国民的努力）：在 1980 年的 307 所高校中，有公立 146 所，私立高校 161 所（私立高校首次在数量上超过公立高校）。在此后的 10 年间，公私立高等教育机构继续同步稳健发展，2001—2002 学年全国共有 1302 所高等教育机构（不含大学分校和师范院校），其中私立高校达 902 所，占据绝对优势。就在校生人数而言，1970 年私立高校仅有在校本科生 2.8 万人，在全国高等教育机构在校本科生总数中所占百分比为 13.8%，此后随着私立高校的稳步发展，2002 年的两个相应数分别达 52.2 万人和 32.6%；同年私立高校在校研究生人数不足 1000 人，2002 年时已达 5.3 万人，占全国高校研究生总数的相应百分比也从

16.7% 增加到 40.1%；截至 2002 年，近 1/3 的本科生就读于私立高校，40% 以上的研究生在私立高校学习。在智利，20 世纪 80 年代初的高等教育改革在法律上进一步保护并促进了私立高等教育的稳步发展。随着 80 年代初以来私立高等教育机构的不断涌现，其注册学生人数从 1983 年的 4.99 万人猛增至 1990 年的 13.08 万人，在公私立高等教育机构注册学生总数中所占的百分比从 28.4% 上升至 52.4%；90 年代以来私立高等教育机构继续健康发展，到 2002 年时全国共有 226 所高等教育机构，其中私立机构达 201 所，占总数的 88.9%；注册学生总数 52.16 万人，其中私立机构拥有 27.82 万人，占总数的 53.3%

大量私立大学的成长和崛起，克服了因政府经费不足而导致的高等教育发展滞后问题，满足了社会接受高等教育的强烈愿望，为经济和社会快速发展提供强大的人力资源支撑。不仅如此，通过私立大学的参与和试验，激活了高等教育的运行机制，推进了高等教育系统的改革，提高了高等教育的效率。就在校生来看，私立大学在校生数在美国整个高等教育中的比例并不高，但是所发挥的作用是难以估量的。特别是为数不多的所谓"营利性大学"，更是令人刮目相看，难以置信。私立大学的发展，不仅仅是在数量上引发高等教育发展的革命，在传统高等教育的办学体制、培养模式、运行机制、内部管理等方面，同样给予传统高等教育革命性的影响。

在中国，近现代高等教育起源于半殖民地时期中国人创办的官办高等学府、私立高等学校以及西方教会开办的私立教会大学，其中私立高等教育机构有复旦公学（1905 年正式创办时为专科学校，取名"公学"，1917 年成为私立大学）、南开大学（1919）、厦门大学（1921）等；而主要教会大学则有东吴大学（1901）、圣约翰大学（1906）、金陵大学（1910）、华西协和大学（1910）、福建协和大学（1915）、岭南大学（1916）、齐鲁大学（1917）、辅仁大学（1927）等。这些私立大学在 20 世纪 40 年代末 50 年代初相继被接管、改造、撤销。中国的民办高等教育在 70—80 年代改革开放政策推动下迅速恢复快步成长。在经历了 20 世纪 80 年代中期和 90 年代上半期的两次发展高潮后，民办高校得到快速健康发展。近十年来，民办高校抓住国家积极发展高等教育、加快推进大众化进程的机遇，发展规模得到有效扩张。截至 2012

年年底，民办普通高校总数已占全国普通高校总数的接近30%，在校生也已经超过20%。据了解，2012年全国共有10余个省份民办高校在校生超过当地普通高校在校生总数的20%，比例最高的浙江省已经达到33%左右①。民办高校已经成为国家高等教育体系中新的增长点，成为我国高等教育的重要组成部分，对于推进高等教育大众化、多样化和选择性，增加高等教育的规模、品种和类型，激活高等教育活力，提高高等教育质量和效益，满足经济和社会发展对多样化人才的需求，作出了巨大贡献。

翻译大师的名著，是一个宝贵的学习机会。阅读和翻译的过程，就像在旁听作者的讲授，受益匪浅；像是一个学生听一门课程，整个过程宛如遨游在世界私立高等教育发展的浪潮中。翻译的过程是阅读和聆听大师思想的过程，整本著作因为有了阿尔特巴赫的博大精深而增添了沉甸甸的分量，因为有了列维教授的质疑和挑战，才充满了思辨和创新。反思本书中两位重量级的学者的文字和思想，我仿佛亲眼看到了这两位不同年龄、不同风格的学者。阿尔特巴赫在文章中对私立高等教育的描述和评价客观公正，同时又非常的正面和积极，文字表达上沉稳有力度。例如，在《关于私立高等教育的几个问题》一文中，阿尔特巴赫认为，"自从13世纪西方大学的创办以来，私立高等教育一直是大学体制的重要部分，现已成为21世纪高等教育的核心特征。如何看待私立高等教育，并将其融入一个国家乃至世界范围的更为广泛的大学体制，是一个非常关键的问题。新的私立大学在构建、办学目标、财政背景方面都与传统的私立大学有很大不同。毋庸置疑，理解和制定适合于私立高等教育发展的政策框架迫在眉睫"。从上述论述中可以看出，阿尔特巴赫高度评价私立高等教育在大学体制中的地位，称之为"核心特征"，同时又准确地提出了发展私立高等教育亟待解决的问题，思想的深刻和犀利，用词的准确和稳重让人赞叹不已。又如，在《私立高等教育剖析》一文中，阿尔特巴赫在阐述私立高校的经费来源时，提出"大部分私立高校的收入依赖学生的学费。美国的一些名校则有大量的捐赠，使得它们不完全依靠学生的学费，但是，这样的学校即便在美

---

① 根据相关年份全国教育事业发展统计公报整理。

国，数量也很少。这种依赖是全世界私立高等教育的显著特征，意味着私立院校必须非常关注学生的利益、毕业生的就业市场以及收费方式"。前文指出了大学体制的核心特征是私立高等教育，而此文则提出了私立高等教育的显著特征是对生源、对学费的依赖，这就要求私立大学应该充分考虑学生的需求、市场的需求，走出传统大学惯有的模式，用我们的语言来说，就是要做好教育服务。所以，从某种程度上，阿尔特巴赫在 20 世纪末 21 世纪初就恰如其分地定位了私立大学，并指出了促进它发展的最重要的因素。这些见解对于我国私立大学的定位和发展具有非常重要的理论指导意义。

翻译是最好的语言实践活动，通过翻译，让我对中英语言和思维有了更深的了解，从另一个角度看待自己的学科，有一种横看成岭侧成峰的崭新体验。列维教授在《"冒牌大学"，换言之，"大学"有多差?》中提到，名字有什么关系？把玫瑰花叫做别的名称，它还是照样芳香。——威廉·莎士比亚，《罗密欧与朱丽叶》，本文中"冒牌大学"指面向高需求领域的营利性中学后教育机构。看到这个引用分外亲切，因为语言学也有这个著名的例证，用于说明语言的任意性。语言学家索绪尔认为语言符号具有任意性，语言符号的能指和所指之间不存在自然的、必要的联系。同一个事物在不同民族不同语言中的不同语音形式正好说明语言的任意性，如汉语叫"玫瑰"，英语叫"rose"。私立大学叫什么名字又有什么关系，只要它真正帮助了普罗大众，帮助了那些想接受高等教育而无门的人。列维教授的这个引用恰好帮助读者了解了什么是真正的大学，帮助读者摒除偏见，客观公正地评价私立高等教育，让读者真正懂得什么是"真正的大学"？什么是真正的研究或培训，什么是真正的硕士或博士教育，什么是真正的私立或公立学校的内涵。列维教授用美国菲尼克斯大学的成功经验来说明，"营利性院校"可以是一朵芬芳怡人的玫瑰，而不管它叫做什么。凤凰城大学存在的意义在于，学生并不期望接受传统的大学教育，市场也并不希望他们拥有类似加州大学的教育经历。如果说私立高等教育因营利性而受到责难，那么，一些公立大学也同样有学生对其所接受的教育及附着的价值观产生不满。所以，我们要把握住"真正"大学的内涵，列维教授肯定阿尔特巴赫提出保护"传统大学及其核心职能"的合理的议题。但也呼吁不要曲解营利性冒牌大学的成功，把它和商业主义直接联系起来，他甚至呼吁公立大学也可以拓展空间去发挥更多非商业化之外的功能。这些表述都体现了一个学者在学术的基础上对于营利性大学和私立大学的包容和肯定，没有偏见，也没有祖护。

　　翻译重在得体性。译者是否得到了作者的本意和精气神非常重要，这就需要在娴熟地运用语言的基础上，反复地研读文本，充分地比较和了解本领域的研究和发展。我们从一开始的字面理解和懵懵懂懂到后来的逐步理解乃至渐入佳境，发现翻译此书真是一桩赏心乐事，让人乐此不疲。其间偶尔得到徐绪卿教授和民办高教院同事的夸奖，我们更是信心倍增，愈发勤勉。从翻译此书的过程来看，自己感觉速度和精准度都在提升。翻译的过程喜忧参半，让人欲罢不能，回想起整个过程，我发现自己除了上课和其他日常工作，每天都会沉浸在其中，钻研其中的文字和内涵，每每得到一个佳句，便如获至宝，每次完成一篇译文便如迎接一名新生儿的诞生，其中的快乐和欣喜是不能用言语表达的，非常享受这个过程，甚至让我萌生了做专职翻译的念头。

　　其实，与同事和业界专家的交流过程中，国外对于私立高等教育的前沿研究和成果还是比较丰富的，但是，国内研究者能共享的仍为数较少，究其原因，还是翻译的问题。我突然有了一个天真的想法，我们的外语工作者和外语教学工作者，如果能够渗透到一些人文社科领域，做一些有意义的翻译实践工作，在各学科领域国内外研究之间起到一个桥梁的作用，是不是会得到更加卓有成效的科研成果呢，总比在家闭门造车，炮制一些无病呻吟的所谓的论文好吧？

　　最后要说的是感谢浙江树人大学的校长徐绪卿教授，是他鼓励我学以致用，做这件有意义的事情。在遇到困难的时候，耐心帮助我们，鼓励我们。对整个翻译工作，徐校长既有宏观的指导，让我们不必拘泥于字面表达，要突出作者的原意，又有微观的洞察，对于译文更是锱铢必较，逐字逐句地检查，一些文字经他点拨后更具神韵，更具学术特点。徐校长在治学做人方面都亲身垂范，让我们学到了学术研究所必须具备的严谨和规范，以及对于工作的精益求精的态度。让我们唏嘘赞叹的是，一个大学校长，每天公务缠身，仍能潜心学问，锲而不舍，是多么的难能可贵。他用自己的学术功底，求真求实的作风很好地诠释了像阿尔特巴赫那样的大家。感谢他不厌其烦细致地抠句子，琢磨文字，找到语篇的关联度、逻辑性，挖掘篇章的内涵，找到文字背后的意思，力求原汁原味又通俗易懂地把文本呈现给读者。还要感谢我的同事王一涛博士，他高等教育学的博士背景，以及对于英语的热爱，使得他在本书文本的校阅中得心应手。正是徐校长和王博士的辛勤而卓有成效的工作使我们对于译本的质量不至于有过分愧疚的心理，甚至可以说，还有几分信心。同时要感谢《浙江树人大学学报》民办高等教育专栏编辑的配合，感谢学报副主编孟莉英老师的指导，学报在2012年和2013年每期选择一部分翻译好的论文刊出，让读者先睹为快，并提出意见。所有这些学者、专家都倾全力帮助我们，让本书能够以最好的面貌呈现给对高等教育和私立高等教育发展有兴趣的读者。

　　　　　　　　　　　　　　　　　　　　　胡建伟，2013年12月